传统非遗智慧嵌入现代生活的理论与实践

任 立◎著

中国商业出版社

图书在版编目（CIP）数据

传统非遗智慧嵌入现代生活的理论与实践 / 任立著. 北京 ： 中国商业出版社，2025. 8. -- ISBN 978-7-5208-3547-3

Ⅰ. G122

中国国家版本馆CIP数据核字第2025YZ2244号

责任编辑：吴　倩

中国商业出版社出版发行

（www.zgsycb.com　100053　北京广安门内报国寺 1号）

总编室：010-63180647　编辑室：010-83128926

发行部：010-83120835/8286

新华书店经销

北京七彩京通数码快印有限公司印刷

*

710毫米 ×1000毫米　16开　9.5印张　197千字

2025年8月第1版　2025年8月第1次印刷

定价：50.00 元

* * * *

（如有印装质量问题可更换）

前　言

随着全球化进程的加快，传统文化面临着前所未有的挑战和机遇。在这一背景下，国家对于非物质文化遗产（以下简称非遗）保护与传承的重视程度日益提升。我国政府出台了一系列推动非遗文化传承与发展的政策法律。由全国人民代表大会常务委员会通过，自2011年6月1日起施行的《中华人民共和国非物质文化遗产法》，更是为了继承和弘扬中华优秀传统文化，促进社会主义精神文明建设，加强非遗保护、保存工作而制定的。这些政策和法律为非遗文化的可持续发展奠定了基础，并为本书研究“非遗智慧嵌入现代生活”的课题提供了政策支持和法理依据。

本书围绕“传统非遗智慧嵌入现代生活的理论与实践”而展开，旨在深入探讨非遗文化在现代生活中的价值与功能，以及如何通过创新的方式将传统智慧与现代社会需求相结合，实现文化传承与时代发展的双赢。“非遗智慧”指的是非遗所蕴含的传统技艺、知识体系、生活方式等，这些智慧不仅是历史的见证，也是当代社会创新的源泉；而“智慧”则是指通过科技、教育等手段的融合，提升非遗的实际效益，使其能够为现代生活提供实质性的智慧支持①。

本书的内容包括五个部分：第一章通过理论分析，为非遗文化“嵌入”现代生活的实践提供理论支持，探讨非遗文化的起源、发展及其嵌入现代生活的理论基础；第二章探索非遗文化如何在民族、交往、日常和生产生活等不同领域中嵌入现代社会，展示其多层次的社会价值；第三章专注于非遗智慧的现代社会传承，探讨如何通过教育、社区等渠道实现传统文化的持续创新与发展；第四章深入分析信息科技、数智技术等现代工具在非遗传播、保护及创新中的应用，展现出非遗“智慧”模式的广阔前景；第五章则总结出非遗“嵌入”现代生活的智慧模式，提出系统化的创新路径与实践方案。

本书的研究目的在于通过多角度的理论与实践探讨，揭示非遗文化在现代社会中嵌入的必要性与可行性，探索非遗智慧如何通过创新方式更好地为现代生活服务。其意义在于为非遗的现代传承提供新的思路，推动传统文化在全球化背景下的创新性转化，提升其在当代社会中的价值，最终实现非遗文化的普惠与可持续发展。

---

① 付冬丽. 非物质文化遗产赋能中华民族共有精神家园建设的表征与路径研究［J］. 黑龙江民族丛刊，2024（6）：133-145.

目　录

第一章　非遗“嵌入”现代生活的理论基础

第一节　非遗文化的概念

一、非遗文化的定义与范畴

非遗作为人类文化的重要组成部分，承载着丰富的历史记忆和民族特色①。它不仅是某个特定文化群体的象征，也是全球文化多样性的重要体现。随着现代化进程的加速，传统的非遗在许多地区面临消失的威胁，如何保护和传承这些文化形式，成为当代社会亟待解决的问题。非遗文化通过其独特的艺术表现、传统技艺、语言等方式，不仅影响传统社会的日常生活，也在一定程度上塑造现代社会的文化生态。理解非遗文化的定义和范畴，对于更好地将其融入现代生活具有重要意义。

（一）关于“文化”

从人类学的角度将文化以明确的概念界定，始于18世纪的英国人类学家爱德华·泰勒所著《原始文化》。20世纪50年代，美国人类学家克罗伯和克拉克洪通过对有关文化的160多种定义的分析研究，得出“文化存在于各种内隐的和外显的模式之中，借助符号的运用得以学习和传播，并构成人类群体的特殊成就，这些成就包括他们制作物品的各具体式样，文化的基本要素是传统（通过历史衍生和由选择得到的）思想观念和价值，其中尤以价值观最为重要”。② 这一关于文化的定义被西方学术界广泛认同。

我国的学者也对文化给予种种界定，比如梁启超说“文化者，人类心能所开积出来之有价值的共业也”；蔡元培、陈独秀、胡适、贺麟等学者也分别主张“文化是人一生发展状况的体现”“文化、美术、音乐、哲学、科学等视为一类事物”“文化是一种人类文明

---

① 刘琼宇，胡宗锋. 中华民族共同体意识在非物质文化遗产影像中的反映：以贵州民族题材电影为例［J］. 贵州民族研究，2024，45（6）：83-88.

② 武雪周. 试析中国共产党党建文化的基本内涵与构成要素［J］. 福建党史月刊，2013（16）：37-39.

形成的生活习惯”等[①]。综上认知，将“文化”看作一种抽象的逻辑存在，至少应包含三个层次关系：文化与人的关系、文化与自然的关系、文化与社会的关系[②]。根据人们对文化所感知或发生作用的程度，从形态上将文化划分为有符号特征、确定形状、可触知的物质实体的有形文化，或称为显性文化，以及隐藏在人们生产实践活动中文化事实背后的知识、价值、态度的无形文化，或称为隐性文化。

（二）关于“文化遗产”

1972 年，联合国教科文组织讨论并通过《保护世界文化和自然遗产公约》，将“文化遗产”定义为从历史、艺术、科学角度看，具有突出普遍价值的古迹、遗址、历史建筑群等，是确定形状的、有形的，是作为时空形态呈现的物质文化遗产，具体包括古遗址、古墓葬、古建筑、石窟、石碑、壁画、近代现代重要史迹及代表性建筑等不可移动的文物，历史发展进程中各朝各代保存下来的文献、艺术品等可移动重要文物；在建筑样式、分布或与环境结合方面具有突出普遍价值的历史文化古城（村落、街区）。比如，北京故宫、西藏布达拉宫、云冈石窟、登封“天地之中”历史建筑群、平遥古城等[③]。

（三）关于“非遗”

“非遗”是从文化形态的呈现方面相对于“物质文化遗产”提出来的，定位为“被各群体、团队、有时为个人视其为文化遗产的各种实践、表演、表现形式、知识和技能及其有关工具、实物、工艺品和文化场所”[④]。作为无形文化遗产，通过口耳相传，借助声音、形象和技艺等表现手段，被各族人民世代相传，并在各群体、团队的环境变化适应以及与自然和历史的互动中被再创造，为群体、团队、个人提供认同感和归属感[⑤]。非遗包括民间文学、民俗、语言、音乐、舞蹈、美术、技艺、医药、烹饪等，依赖人的生产生活以延续、传承、创新、发展。在相应的语境中，文化遗产也称为文化传统，非遗作为一种“活”的文化，在推进世界文化多样和人类文化繁荣方面起着至关重要的作用[⑥]。

---

①《中国大百科全书·社会学》[M]. 北京：中国大百科全书出版社，1991：409.

② 孙秋云. 文化人类学教程 [M]. 北京：民族教育出版社，2004：24~28.

③ 章牧，郭阵. 非物质文化遗产的数字化传播：以广东潮州为例 [J]. 社会科学家，2024（6）：93-100.

④ 杨利慧，丁红美. 中国非遗研究 20 年：成就、焦点、贡献与问题：以“非物质文化遗产学术精粹”丛书为主要案例 [J]. 民俗研究，2024（6）：20-33，153-154.

⑤ 安德明. 创建“文化交会区”：中国式现代化进程中的非物质文化遗产保护 [J]. 西北民族研究，2024（5）：97-111.

⑥ 程顺. 基于黄冈非物质文化遗产黄梅戏的文创产品设计研究 [J]. 文物鉴定与鉴赏，2024（24）：165-168.

（四）非遗文化的主要特征

非遗文化具有鲜明的历史性、地域性和实践性。非遗文化是历史长河中不断积淀形成的，它代表着一代又一代人的智慧与情感；非遗具有强烈的地域性，不同地区的非遗形式呈现出各自独有的特色。这些文化遗产是地方文化的象征，是社会群体的身份标识。非遗的传承依赖实践，许多传统技艺和艺术形式通过日常生活和实际操作不断再创造。非遗的这种实践性特征使它能够与现代社会的需求相适应，也为其在当代社会中的转化和创新提供了基础。

（五）非遗的文化价值与社会功能

非遗不仅具有重要的文化价值，还承担着显著的社会功能。它是民族认同感和归属感的重要来源，帮助人们理解并传承自己民族的历史与传统。非遗在当代社会还承担着教育、经济和旅游等多方面的功能。非遗的艺术形式和技艺为现代艺术创作提供了源泉，传统节庆活动和民间习俗不仅丰富了社会生活，也为社区文化的建设提供了动力。随着全球化的深入，非遗文化的跨文化传播也逐渐成为一个重要课题。它不仅能帮助全球观众了解和尊重不同文化，还能为现代社会带来多元文化的冲击与启示。

（六）非遗的保护与传承

随着社会变迁与人们生活方式的改变，许多传统非遗面临着消失的危险。尤其是在农村地区，非遗的传承依赖老一辈人的口传心授，但随着现代生活方式的改变，这种传统的传承模式逐渐被打破。如何通过现代化手段对非遗进行有效的保护与传承，成为一个亟待解决的问题。非遗保护不局限于物理形式的保存，更重要的是要在现代社会中找到其新的生存空间，推动其创新性转化。通过结合现代科技手段、教育体系和文化产业，非遗可以在不失其传统精髓的基础上，融入现代社会的文化生态，继续为当代人们所欣赏和传承。

非遗作为文化的重要组成部分，具有丰富的历史和社会价值。它不仅是各民族文化认同的重要象征，也对现代社会的文化发展起着深远的影响。随着时代的变迁，非遗文化的传承面临着新的挑战，必须与时俱进采取创新性的手段来进行保护与发展。通过对非遗文化定义、特征及其文化价值的深入理解挖掘，可以为其在现代社会中的应用提供理论基础和实践路径，使非遗能够在新时代焕发出新的生命力。

二、非遗文化的历史渊源与发展演进

非遗是一个包含丰富传统和历史内涵的文化类别，它涵盖了各民族和文化群体在长期历史中积累的智慧与艺术。从远古时代到现代，非遗承载了人类的生活方式、思维方式以及社会价值。在历史的演变中，非遗不断发展、变化并适应时代的要求，它不仅是文化传承的重要载体，也是全球文化多样性的重要组成部分。非遗的历史渊源和发展演进，不仅是对过去的回顾，还为现代社会提供了深刻的文化认知与灵感。随着全球化的推进和社会现代化的迅速发展，许多传统非遗项目面临着消失的风险，保护与传承非遗的任务显得尤为紧迫。

（一）非遗的起源与早期发展

非遗文化的根源可以追溯到人类最早的社会实践中。在原始社会阶段，人类通过生产劳动、社会交往和宗教仪式等活动，创造并积累了大量的文化表现形式。这些文化表现形式涵盖了民间艺术、传统技艺以及语言、节庆、信仰等多个层面。随着人类社会从原始部落走向农业文明，非遗逐渐成为不同文化群体生活的核心组成部分。

在这一时期，许多非遗项目开始初步成型，如传统的歌谣、舞蹈、手工技艺等，它们在生产、生活和仪式中占据着重要地位。随着社会的不断发展，这些传统文化形式在不同时代和地区的社会结构中也得到了进一步传承与发展。传统技艺和民间艺术成为地方文化的重要表达方式，体现了当地的自然环境、生活方式和社会组织模式。

（二）非遗文化在封建社会的演变

进入封建社会后，非遗文化得到了更加广泛的传播和深层的社会渗透。封建社会的宗法制度和庙会文化为非遗的传承提供了有利的社会环境，许多传统艺术形式和技艺被视为社会身份和阶层的象征，成为上层阶级和民众交流的重要工具①。传统的戏剧、音乐和舞蹈在这一时期获得了广泛的发展，并通过官方的祭祀和庙会活动得到了强有力的保护和传承。

同时，封建社会中的工艺技艺和传统手工艺逐渐形成了完整的行业体系，许多地方性的手工艺品、传统服饰和器具被精心打造并流传至今。儒家思想的影响也在一定程度上促

① 张洁，郭平．中国非物质文化遗产学科建设20年探索［J］．文化遗产，2024（6）：15-22.

进了传统文化的规范化，使非遗项目在形式和内容上都得到了进一步的完善和发展。特别是在明清时期，传统文化的表达形式达到了巅峰，许多技艺和艺术形式被赋予了更深的文化内涵，成为永恒的经典。

（三）非遗文化在近现代的传承与发展

随着鸦片战争后的社会剧变，非遗文化面临着前所未有的挑战。西方文化的冲击和现代化进程的推进使很多传统文化形式逐渐衰退。许多非遗项目的传承方式被打破，传统手工艺和民间艺术开始失去原有的社会功能，甚至面临消失的威胁。尽管如此，但非遗文化并未彻底消失，许多民间艺人和文化传承人依然在默默坚守着这些传统文化形式。

2003 年 10 月在联合国教科文组织第 32 届大会上通过的《保护非物质文化遗产公约》，旨在保护以传统、口头表述、节庆礼仪、手工技能、音乐、舞蹈等为代表的非遗。该公约特别要求对各国和地区现有的非遗进行清点，列出急需抢救的重点和有重要代表意义的遗产项目，并要求建立一个由专家和各会员代表组成的非遗保护委员会，协调有关工作。我国作为其中的积极参与者，不仅加强了对非遗项目的保护力度，还通过政府、文化机构和学术界的共同努力，开展了对非遗的研究与传承工作。经过不断努力，许多传统技艺和艺术形式通过现代化手段得到复兴与创新，进入了现代社会的文化消费体系。

（四）21 世纪非遗文化的创新与转化

进入 21 世纪，非遗文化迎来了全新的发展机遇。在全球化和信息化的背景下，传统非遗文化不仅需要保护和传承，还需要在现代社会中实现创新性转化。这不仅是形式上的更新，更是内容和功能上的深化。在这一过程中，非遗文化通过与现代科技、艺术、教育的融合，焕发出新的活力。

非遗项目的转化不仅是传统工艺品的创新，还包括将传统艺术和技艺应用于现代设计和文化创意产业中。许多非遗技艺被现代设计师赋予了新的表达方式，将传统手工艺与现代工业设计相结合，形成了具有时代感和艺术感的产品。非遗文化的旅游开发也成为推动其创新和发展的重要途径，通过将传统文化与旅游、媒体、文创等领域相结合，使非遗文化的影响力得到了大幅提升。结合历史与网络材料，整理非遗文化发展演进过程，如表 1-1所示。

表 1-1　非遗文化发展演进过程

时间点	发展演进
原始社会	非遗文化作为最早的社会实践形式，涵盖了手工艺、歌谣等基本文化形态
封建社会	非遗文化通过庙会、宗法制度和传统艺术形式传播，成为社会重要身份象征
近现代	鸦片战争后，非遗面临西方文化冲击和现代化进程，但一些传统文化得以传承
21 世纪	非遗文化通过全球化背景下的创新与转化，逐渐融合现代科技、艺术，焕发新生

非遗文化是历史的沉淀，它见证了人类文明的进程并为现代社会提供了丰富的文化资源。从原始社会到封建社会，再到近现代，非遗经历了多次的历史变迁和发展。尽管面临着许多挑战和威胁，但随着人类文化多样性意识的增强，非遗文化的保护与传承已经成为当代社会的重要课题。通过创新性转化和赋予现代化手段，非遗不仅能够保存其原有的文化价值，还能够为现代社会注入新的活力，成为当代文化不可或缺的组成部分。

三、现代非遗文化形成的政策脉络

非遗的保护与传承不仅是文化领域的任务，也已经成为国家文化政策的一个重要组成部分。在全球化加速的背景下，受外来文化的冲击，非遗文化面临着消失的威胁，因此国家与地方政府的积极干预显得尤为重要。自 20 世纪末以来，国际社会对非遗保护的重视程度逐步提升，相关政策框架和法律体系逐渐完善。我国作为非遗文化的重要传承国之一，在全球文化遗产保护事业中扮演着重要角色。我国在非遗保护方面也采取了多项政策措施，以确保非遗文化的持续传承和发展。从《保护世界文化和自然遗产公约》到《中华人民共和国非物质文化遗产法》，再到地方性的非遗保护条例，这些政策和法律不仅为非遗的保护提供了制度保障，也为其在现代社会中的创新性转化奠定了基础。

（一）国际非遗保护的政策脉络与中国的积极响应

非遗保护的国际政策脉络始于 20 世纪 70 年代，联合国教科文组织于 1972 年 10 月 17 日至 11 月 21 日在巴黎举行的第十七届会议通过的《保护世界文化和自然遗产公约》为全球文化遗产保护提供了指导原则①。公约主要规定了文化遗产和自然遗产的定义，以及对文化和自然遗产的国家保护和国际保护措施等条款。公约规定了各缔约国可自行确定本国

① 蒋钦宇，李贵清，张朝枝.《保护世界文化和自然遗产公约》50 周年：变化、对话与可持续发展：首届世界文化与自然遗产学术论坛综述［J］. 自然与文化遗产研究，2023，8（1）：94-98.

领土内的文化和自然遗产，并向世界遗产委员会递交其遗产清单，由世界遗产大会审核和批准。凡是被列入世界文化和自然遗产的地点，都由其所在国家和地区依法严格予以保护。直到 2003 年，联合国教科文组织通过了《保护非物质文化遗产公约》，明确将非遗纳入国际保护框架。该公约的通过标志着非遗保护的国际化进入了新阶段，全球范围内的非遗保护工作开始步入正轨。

非遗不仅是时间长河中代代相传的人类智慧结晶，也是连接民族历史与未来的文化之桥。2004 年中国加入联合国教科文组织《保护非物质文化遗产公约》，2024 年是中国作为缔约国开展非遗保护行动 20 周年。20 年来，中国认真履行公约义务，非遗保护与传承科学有序地持续开展，成绩显著，硕果累累①。

我国积极响应这一国际倡议，主动参与了相关的国际协议，并在国内实施了多项政策措施。我国不仅重视非遗的保护，还开始通过各种形式推动非遗的创新性转化和创造性应用。政府层面的政策和规划为非遗的保护与传承提供了强有力的制度支持，并逐渐形成了一整套符合我国国情的非遗保护法律和政策体系。

（二）我国非遗保护的政策体系与法律框架

随着对非遗问题的日益重视，我国对非遗的保护开始逐步从文化的传承延伸到政策的制定。2024 年 11 月 8 日，十四届全国人大常委会第十二次会议表决通过了新修订的《中华人民共和国文物保护法》，并于 2025 年 3 月 1 日起施行。《中华人民共和国文物保护法》是中华人民共和国文化领域第一部法律，是文物工作的基础性、综合性、系统性、统领性法律。自 1982 年 11 月颁布实施以来，历经 1 次修订和 5 次修正，此次再次进行修订，标志着我国文物保护进入依法治理的新阶段②。

国家有关部门和地方政府也制定了多项具体的政策文件和实施细则，如国家发展改革委等部门关于修订印发《文化保护传承利用工程实施方案》的通知以及地方性的非遗保护条例等。这些政策措施的出台，推动了非遗文化的保护、传承和创新发展，尤其在教育、文化和旅游等领域，非遗文化逐渐成为重要的文化资源。

我国各地根据本地非遗的实际情况，制定了具有地方特色的非遗保护政策和措施。例

---

① 贺少雅，萧放.《保护非物质文化遗产公约》理念与中国非遗保护实践［J］. 中国非物质文化遗产，2025（1）：7-13.

② 荣幸，王旭.《中华人民共和国文物保护法》完善历程溯往［J］. 城市住宅，2021，28（12）：8-11.

如，《长三角地区一体化发展三年行动计划（2024—2026年）》就“积极探索建设中华民族现代文明”作了重要部署。加强长三角地区关于非遗项目的合作交流，共建长三角非遗传承高地，成为题中应有之义。又如，2024年营口市人大常委会将制定《营口市非物质文化遗产保护条例》列入当立法计划。目前，该条例已由营口市第十七届人民代表大会常务委员会第二十六次会议通过，经辽宁省第十四届人民代表大会常务委员会第十二次会议批准，已于2025年1月1日起正式施行。这也是辽宁省首部市级人大常委会制定的非遗保护地方性法规。

各级政府的政策推动促进了非遗的多元化发展，不仅加强了对非遗文化的传承保护，而且注重对非遗的创新性转化。通过与现代科技、创意产业、旅游等相融合，非遗文化在各地焕发了新的生命力。许多地方还通过举办非遗展览、非遗节庆活动等，提升了民众对非遗的认知和关注，进而推动了地方文化的复兴和经济发展。

（三）非遗保护与社会认同的互动关系

随着非遗保护政策的不断推进，社会对非遗的认同和参与度也在逐渐增加。政府不仅通过立法和政策推动非遗保护，还通过媒体、教育和公共活动等手段提高公众的文化自觉性。越来越多的社会群体和人民大众开始关注非遗的保护，非遗文化逐渐走出传统的文化圈，成为现代社会的文化符号。

尤其是在城市化进程加速和文化消费升级的背景下，非遗文化的社会功能逐渐得到认可。社会各界的广泛认同与参与使非遗文化的保护与创新得到了更多的支持，为非遗在现代生活中的应用提供了更广阔的空间。

现代非遗文化的形成与发展，离不开各级政府政策的有力推动。从国际协议到国内法治建设，再到地方政府的具体实践，我国的非遗保护政策经历了从无到有、从初步到成熟的过程。通过一系列政策措施的实施，非遗文化不仅得到了有效的保护，还在创新性转化中找到了新的发展道路。随着社会认同度的提升和社会各界的积极参与，非遗文化的保护和传承正走向一个更加广阔的未来。

第二节　非遗文化嵌入现代生活的理论基础

一、嵌入性理论概述

（一）嵌入性概念的初创

Polanyi① 在《大变革》（*The Great Transformation*）一书中首次提出“嵌入性”概念，并将此概念用于经济理论分析。他认为，“人类经济嵌入并缠结于经济与非经济的制度之中，将非经济的制度包括在内是极其重要的”，“经济作为一个制度过程，是嵌入在经济和非经济制度之中的”。他提出：互惠、再分配和交换这 3 种经济活动形式在不同制度环境下的嵌入形态不同；在工业革命之前的非市场经济中，市场交换机制尚未占据统治地位，经济生活以互惠或再分配的方式为主，是嵌入在社会和文化结构之中的；在工业革命之后的市场经济中，经济活动仅由市场价格来决定，人们在这种市场上按照金钱收益最大化的方式行事，此时的经济体制是“去嵌入”（disembed）的，即不再受社会和文化结构的影响②。

Polanyi 所提出的嵌入性思想在当时并没有引起学者的注意，而且其认为“市场经济是去嵌入性的”观点具有很大局限性。实际上，有学者认为 Polanyi 自己后来修正了“市场经济体制的去嵌入观点”，认为市场经济同样嵌入社会和文化结构当中③。

（二）嵌入性理论发展的新阶段

“嵌入性”概念的提出对后来的经济社会学研究产生了深远影响，学者逐渐认识到要理解市场问题、克服传统经济学理论的约束就必须深入研究人和组织所处的社会关系。1985 年，Granovetter 重新对“嵌入性”进行了阐述，从而把嵌入性研究推向了新的阶段。他指出，“我们研究的组织及其行为受到社会关系的制约，把它们作为独立的个体进行分

---

① POLANYI K. The Great Transformation：The Political and Economic Origins of Our Time [M]. Bost on，MA：Beacon Press，1944.

② 许冠南. 关系嵌入性对技术创新绩效的影响研究 [D]. 杭州：浙江大学，2008.

③ 丘海雄，于永慧. 嵌入性与根植性：产业集群研究中两个概念的辨析 [J]. 广东社会科学，2007（1）：175-181.

析是一个严重的误解”。

Granovetter 于 1985 年在《美国社会学杂志》上发表的《经济行动和社会结构：嵌入性问题》是关于嵌入性观点的创新之作。此文一经发表就引起了社会学界的关注，在以后的 20 年间，该文章被引用了超过 5000 次，成为《美国社会学杂志》创刊以来被引用最多的文章,“嵌入性问题遂成一时显学”。尽管嵌入性概念源自 Polanyi，但是 Granovetter 和 Polanyi 对此概念的界定还是存在差异的：Polanyi 主要是强调经济活动是一个制度化的过程，Granovetter 则认为这一社会过程应该被视为人际互动，并在研究组织理论时强调人际互动产生的信任是组织从事交易的基础，也是决定交易成本的重要因素。

Granovetter 认为，经济活动是在社会网络内的互动过程中作出决定的，新古典经济学在分析经济行为时存在“社会化不足”的问题，社会学理论中则存在“过度社会化”的问题。嵌入性理论成了连接经济学、社会学与组织理论的桥梁。自从 Granovetter 的《经济行动和社会结构：嵌入性问题》发表后，嵌入性概念的思想内核保持了一定的稳定性，但关于嵌入性问题的描述与表达还是在经济社会学、管理学中继续演化。

Granovetter 的理论贡献主要体现在 3 个方面：一是“复活”了源自 Polanyi 的“嵌入性”概念，并对其重新解释，确立了“嵌入性”理论基础；二是建立了经济社会学分析的基本假定，即经济行动者的自利行为受所处社会网络的影响；三是提出了把网络分析作为研究经济社会学的主要方法①。

在 Granovetter 的关于嵌入性研究的基础上，Zukin 和 Dimaggio 对该概念进行了拓展，提出嵌入性分为 4 种类型：①结构嵌入性；②认知嵌入性；③文化嵌入性；④政治嵌入性。其中，第一类和经济分析中所引入的网络化观点更为接近，即组织所融入的网络类型决定了其可能获得的潜在机遇，企业在网络中的位置和其所维系的企业关系决定了企业能否把握住这些机会；后三类则是从内部个体认知及外部文化和政治环境等不同角度来分析影响经济行为的嵌入性。

Barber 在 Granovetter 研究的基础上对嵌入性概念及其发展意义做了进一步分析。他提出，重新构架嵌入性概念对经济学和社会学领域的研究将具有重要的推动作用，特别是在新古典经济学中，市场交易是理性的、非人格化的、独立的，尽管这种假设在理论研究中有助于简化研究过程，但是实际上客观世界的经济运行规律、组织选择和个体行为并不是按照既定假设运行的，所以嵌入性理论对经济学和社会学的传统观点的修正是理论上的重

---

① ZUKIN S，DIMAGGIO P. Structures of Capital：The Social Organization of Economy [M]. Cambridge，M A：Cambridge University Press，1990.

大突破。

Uzzi 在既有研究的基础上，通过深入研究嵌入性与企业绩效的关系，提出了“关系嵌入性悖论”。Uzzi 基于美国纽约制衣工厂的研究，发现嵌入性强度与企业绩效呈现倒“U”形分布，网络嵌入性的理想强度是处于中间状态，嵌入性关系过强反而会影响企业绩效，但是嵌入性强度太弱则会导致关系无法形成。一家企业会“嵌入性不足”或者“过度嵌入化”，只有在市场交易关系和长期稳固联系之间取得平衡的企业才是最成功的。但是随着理论研究的深入，学者对 Uzzi 的判断和结论提出了疑问：一方面，其研究结论并没有对社会关系如何影响经济行为作出很好的解释，而嵌入性概念同时具有促进经济活动和阻碍经济活动的观点则缺乏理论精确性，其政策含义不清；另一方面，Uzzi 的研究实际上并没有充分挖掘此概念的内在构成和影响机理。

20 世纪 90 年代末，在 Granovetter、Barber、Uzzi 的研究的推动下，嵌入性理论迅速发展，并从新经济社会学领域逐步向外拓展，区域经济、产业集群、战略管理、组织理论、创新理论研究很快借鉴了该理论的研究成果。

（三）结构嵌入性和关系嵌入性框架

结构嵌入性和关系嵌入性框架是嵌入性理论的经典分析框架，也是在产业集群嵌入性研究中被引用最多的一种分析框架，它最早由 Granovetter 提出，大部分后续研究应用了这一框架。结构嵌入性的理论基础在一定程度上源自经济学中的网络分析，研究视角是网络参与者间相互联系的总体性结构，它一方面强调网络的整体功能和结构，另一方面关注企业作为网络节点在社会网络中的结构位置。结构嵌入性研究的网络关系是多维的，研究重点是网络的密度、企业在网络中的位置对企业的行为和绩效的影响。在结构嵌入性研究中，Burt 提出的“结构洞”（structural hole）观点日益受到学界的关注。该观点认为，企业在网络中拥有的结构洞数量越多，企业在整个信息传递网络中占据的位置越有利。“结构洞”位置体现了企业在网络中的“桥梁作用”。关系嵌入性的理论来源在很大程度上是社会学研究中的社会资本研究，其研究视角集中于基于互惠预期而发生的双向关系。关系性嵌入主要用关系的内容、方向、延续性和强度等指标来测度，Granovetter 提出可用 4 个指标来衡量关系的联系强弱，分别是互动频率、亲密程度、关系持续时间以及相互服务的内容。关系嵌入性在很多方面影响组织间的合作、资源的交换和组合、共享性知识的开发等，其中行为主体间的紧密程度、信任、合作规范、对未来价值的预期以及通过资源交换、组合参与知识创造的动机对企业当前的经济绩效和未来合作都有直接影响。

作为嵌入性理论的经典分析框架，结构嵌入性和关系嵌入性在与其他理论研究领域的融合中应用得最为广泛，关系嵌入性主要强调网络的关系特征，结构嵌入性主要强调网络内主体的结构特征。

（四）结构、认知、文化和政治嵌入性框架

Zukin 和 Dimagg io 提出嵌入性可分为 4 种类型：①结构嵌入性——关注网络结构以及公司间社会联系的质量，应用于分析公司在网络中所处位置与其经济绩效之间的关系，源自 Granovetter 的基本概念；②认知嵌入性——关注与经济逻辑相关的网络认知过程；③文化嵌入性——关注促成经济目标实现的共有信念和价值观；④政治嵌入性——关注经济能量和激励的某些制度特征（障碍或缺失）。认知嵌入性是指经济活动主体在进行行为选择时受周边环境和原有思维意识的引导或限制，企业组织长期以来形成的默会的群体认知对企业的战略选择、执行和日常运营具有影响。认知嵌入性观点对古典经济学中的“理性”假设基础提出了疑问，从理论上解释了在信息不对称的情况下经验形成的固有思维和群体思维对个体决策的影响。文化嵌入性是指行为主体在进行经济活动时受传统价值观、信念、信仰、宗教、区域传统的制约。正如 Hagedoorn 提出的，国家不同，特别是文化不同，组织进行合作选择的倾向也不同。从目前有关集群研究所得的结论来看，区域商业文化传统对内部企业进行商业活动、区域内经济活动主体间的合作具有非常显著的影响。

政治嵌入性是指行为主体所处的政治环境、政治体制、权力结构对主体行为形成的影响。经济合作与发展组织（Organization for Economic Cooperation and Development，OECD）通过研究发现，政府在公共政策制定与公共信息平台建设上的推动对区域内经济主体经营活动和行为的引导或限制作用非常明显。Grabher 通过对德国 Ruhr 地区的钢铁业集群进行研究发现，Ruhr 地区的政府及其他组织构成了一个强有力的“政治行政系统”，这种紧密的网络联系赋予了该地区特殊的生产使命和功能定位，阻碍了区域生产系统根据市场时机进行自我更新和业务转型，因此政治嵌入性可能变成“负债或负外部性”。

（五）业务嵌入性与技术嵌入性框架

大多嵌入性研究框架将外部环境、网络机构与社会关系纳入分析范围，形成了相对完整的分析框架。同时，嵌入性研究也逐步向企业内部行为的分析拓展：Andersson、Forsgren 和 Holm 将研究视角聚焦于企业内部的运营和价值链，提出把嵌入性分为业务嵌入性与技术嵌入性，并进行了实证分析。

除上述分析框架外，学者还提出了其他框架，如许冠南提出的上游嵌入性和下游嵌入性框架，她认为企业与其上游供应商企业以及下游客户企业由于具有共性和互补性而建立起合作关系，形成相应的嵌入特征，从而能够实现专业化经营、市场化联动、社会化协作和规模化效应，这种协作共赢的上游和下游制造网络具有极强的内生发展动力，能给企业带来竞争优势。

二、非遗文化的嵌入性要素及其独特价值

非遗作为历史积淀和文化记忆的载体，在现代社会中不仅具有保护的意义，还蕴含着巨大的文化、社会价值。其嵌入性特征使其能够与当代生活、现代技术和社会需求有机结合，进而为现代文化提供丰富的内涵。非遗的独特价值不仅体现在它对传统文化的保存与延续上，更表现在其在现代社会中的创新转化，推动着社会进步与文化多样性的融合。通过深入剖析非遗文化的嵌入性要素，可以更好地理解它在现代生活中的角色，特别是在文化传承、教育推广、文化产业发展等方面的贡献。

非遗文化的嵌入性是其与现代生活相结合的一种能力，这种能力来源于非遗本身的文化内涵、独特的表现形式以及其与社会生活的紧密联系。通过对非遗文化嵌入性要素的探讨，可以揭示其如何在当代社会中实现活态传承，如何在全球化和信息化的浪潮中发挥重要作用。非遗文化的嵌入性不仅体现在其形式上的传承，更重要的是它所承载的历史文化信息和社会情感能够适应现代社会的需求和变革。

（一）非遗文化的表现形式及其适应性

非遗文化具有丰富的表现形式，包括民间艺术、传统技艺、节庆活动、语言、音乐、舞蹈等，这些形式承载了各民族和地区的历史记忆和文化价值。非遗的适应性体现在这些传统文化形式如何与现代社会的需求和审美相结合，如何在不断变化的社会环境中得到传承和创新。无论是传统的手工艺技艺，还是民间的音乐舞蹈，抑或是传统节庆活动，这些文化形式在当代社会中依然能够找到它们的应用空间。

传统手工艺的现代化转化便是非遗文化嵌入现代生活的典型例证。将现代设计理念与传统技艺相结合，非遗手工艺不仅能够保留其传统的制作工艺和文化内涵，还能满足现代消费者对美学和功能性的需求。许多传统手工艺品通过与现代家居、时尚行业的结合，重新焕发出生命力，成为现代生活的一部分。传统的节庆活动和民俗文化，也通过与现代社会的互动，获得了新的表达形式，使非遗文化的传承在当代社会中得以延续。

（二）非遗文化的社会功能及其现代价值

非遗文化的社会功能在传统社会中主要体现在其维系社会秩序、传承价值观和增强民族认同感方面。随着社会结构和价值观的变化，非遗文化的社会功能也在逐渐发生变化。在现代社会中，非遗文化不仅承载着历史的记忆，更具有了新的社会功能，它成为促进社会融合、推动社区建设、增强文化自信和文化认同的纽带。

非遗文化在现代社会的价值不可忽视，它在提供娱乐和精神寄托的同时，也在塑造社会文化的多样性。许多城市通过举办与非遗相关的活动，进一步加强了社区的凝聚力，增进了不同群体之间的交流与理解。非遗文化的传承不能仅仅依靠政府和文化机构的保护，也需要全社会的共同参与和认同。通过非遗的社会功能，现代社会能够从传统文化中汲取智慧，进一步推动文化的多元发展，提升社会整体的文化素质。

（三）非遗文化的教育功能及其知识传承

非遗文化的教育功能一直以来都被视为其重要价值之一。在传统社会中，非遗的教育功能主要通过家庭、社区和师徒传承的方式进行，而现代社会则通过学校教育、博物馆和文化活动等多种途径来加强对非遗文化的教育与传承。通过教育，非遗文化得以传递给更多的年轻人，使其成为现代社会文化的一部分。

在现代教育体系中，非遗的融入不仅是对传统文化的认知教育，更是对文化多样性和文化认同的培养。许多学校和文化机构开设了非遗课程，将民间艺术、传统手工艺、民俗节庆等内容纳入课堂，来激发学生对传统文化的兴趣和尊重。这种教育形式不仅能帮助学生深入了解本土文化，还能培养他们的文化自信和创新能力。通过非遗教育，年青一代不仅能够继承传统，还能够在此基础上进行创新与发展，使非遗文化在现代社会中焕发出新的生命力。

（四）非遗文化的文化自信与创新转化

非遗文化在现代社会中的重要价值之一是其对文化自信的提升作用。在全球化日益加深的背景下，非遗作为各民族和文化群体的精神象征，成为文化认同和文化自信的重要源头。非遗文化的创新转化，不是使其停留在过去的形式中，而是通过与现代技术、设计理念和社会需求的结合，形成符合时代需求的文化产品和服务。

文化自信的提升缘于对自身文化根脉的认知和认同。非遗文化的创新转化为这一过程提供了支撑，通过现代化手段的介入，非遗文化不仅能够适应现代社会的审美需求，还能够在保持传统精神和价值的基础上创造出具有现代感和全球视野的文化形式。非遗的音乐、舞蹈和艺术形式通过与现代音乐、舞蹈和视觉艺术的结合，形成了全新的表现方式，这种创新转化使非遗文化在全球范围内获得了更广泛的认可和接受。

非遗文化的嵌入性要素使其在现代社会中具有独特的价值，通过多样化的表现形式和现代社会进行融合，非遗不仅传承了传统文化的精髓，还在现代社会中找到了新的生存空间。其独特的社会功能、教育价值和文化自信作用，使非遗成为现代社会文化发展的重要组成部分。非遗文化的创新转化和嵌入性使其不仅停留在传统的文化形态中，更成为现代生活的一部分，为当代社会注入了深厚的文化底蕴和新的活力。

三、现代生活的结构特质和嵌入需求

伴随着全球化和信息化的浪潮，现代社会迅速发展，社会结构、生活方式以及人们的思维模式都发生了深刻的变革。在这样的背景下，现代生活展现出与传统社会截然不同的特质，这些特质不仅体现在物质生活的富足上，更表现在精神生活、文化认同和社会功能等方面。现代生活的多样性、快速变化和信息技术的普及，使传统文化，特别是非遗面临着巨大的挑战。也正是在这种高度多元化和信息化的环境下，非遗文化所蕴含的独特价值和文化资源，通过嵌入现代生活，才能够发挥其应有的作用，满足现代社会日益多样化的需求。

非遗文化的嵌入性不仅是对传统文化的传承，更是对其创新性转化的需求。在全球化加速和现代社会结构转型的过程中，非遗文化需要通过与现代生活方式和技术手段的结合，进行重新定义和再创造，从而满足现代人们在文化、艺术和精神层面上的需求。这一过程不仅能够确保非遗文化的延续和繁荣，还能为现代生活提供丰富的文化底蕴和精神滋养。

（一）现代社会的多元化结构特征

多元化是现代社会最为显著的特征之一，多元化表现在经济、文化、社会结构、价值观等多个方面①。现代社会不再是单一的、封闭的体系，而是一个充满着各种文化、信仰、思想和生活方式的交融体。城市化的进程、全球化的发展以及信息技术的普及，使不同地

① 颜晓峰. 在进一步全面深化改革中发展中国式现代化的文明形态［J］. 天津大学学报（社会科学版），2025，27（1）：1-10.

域、民族和文化的互动日益频繁，形成了一个复杂而多变的社会结构。

在多元化的社会结构中，个体的文化需求变得更加复杂和多样。传统的文化形式、价值观念和生活方式不再能够完全适应新的社会环境，现代人对文化的需求不仅是对传统的简单继承，还包括对文化创新、艺术表达和精神体验的深刻追求。传统文化在这一背景下面临着巨大挑战，它必须通过创新转化和多样化的表现形式，融入现代社会的各种生活场景中，才能够继续发挥其文化价值。结合实际，整理出现代社会的多元化结构特征如表1-2所示。

表1-2　现代社会的多元化结构特征

特征	描述
多元文化	不同文化、信仰、生活方式的交织与融合，在全球化加速背景下，文化的多样性和交互性增强
社会结构复杂	社会结构不再单一，表现为阶层、职业、地域的多样化，带来社会功能和角色的复杂化
技术革新	信息技术和数字化工具的普及，使人们的沟通、工作和生活方式发生巨大变化，生活节奏加快
价值观多样性	传统与现代价值观并存，个体主义与集体主义、自由与规范等不同价值观念的碰撞与融合

（二）现代生活方式的快速变化与非遗文化的适应性

随着信息化和全球化的进程加速，现代生活方式发生了巨大的变化。信息技术、交通工具的迅猛发展，使人们的生活节奏加快，传统的慢生活方式逐渐被现代的快节奏生活取代。人们的日常活动越来越依赖数字化、网络化的工具和平台，生活的便利性和即时性成为现代生活的主旋律。

因此，非遗文化所体现的慢节奏、传承性和深厚的文化底蕴，与现代社会的快节奏生活方式已格格不入。然而非遗文化的独特价值和精神内涵，却依然能够在现代生活中找到其独特的适应空间。传统的工艺、艺术表现形式和节庆活动，经过创新性的转化，可以为现代人提供一种精神寄托和文化认同。传统节庆和民俗活动，通过现代化的包装和呈现，能够满足现代人对文化认同和情感体验的需求。非遗文化的嵌入，正是这种文化创新与社会需求相互交织的产物。

（三）信息化时代对文化需求的影响与非遗文化的嵌入需求

信息化时代带来了极大的信息流动和文化交融，同时也对人们的文化需求产生了深远的影响。在这个时代，人们接触和消费文化的方式发生了巨大的变化。传统的文化传播方式逐渐被数字化、虚拟化的传播渠道取代，传统文化的表现形式和传承方式面临着前所未有的挑战。

信息化时代的文化需求不仅是对传统文化的替代，更是对文化多样性和精神体验的需求。现代人不再满足于单一的信息和文化形式，而是希望能够从多元化的文化资源中获得精神和情感的满足。非遗文化作为传统文化的载体，具备了极大的适应性。通过信息化手段的介入，非遗文化能够迅速传播并与现代生活场景相结合，使其在全球化的背景下继续焕发出新的生命力。

许多非遗项目通过数字化保存、虚拟现实（Virtual Reality，VR）技术、增强现实（Augmented Reality，AR）技术的运用以及社交平台的传播，使这些传统文化形式能够以新的方式呈现给更广泛的受众。这种信息化的处理方式，不仅提高了非遗文化的传播效率，也让更多人能够在现代社会中感受到传统文化的独特魅力。

（四）非遗文化与现代社会功能的融合

非遗文化的嵌入需求不仅体现在文化领域的需求上，还表现在社会功能的转化和融合上。现代社会的快速发展带来了社会功能的复杂性和多样性，传统的文化形式只有在新的社会功能需求下进行创新和转化，才能够适应现代社会的生活节奏和社会结构。

非遗文化在这一过程中发挥着重要作用，通过与现代社会的融合，非遗文化不仅保留了其历史的记忆和文化的精髓，还能够为现代社会提供丰富的文化内涵和精神支撑。非遗文化的教育功能、社会认同功能，成为现代社会发展的重要组成部分。非遗文化在这一转型过程中，不仅是传统的文化传承，它还通过与现代教育、艺术、社会活动等多种功能的结合，创造了更多的社会价值。

现代生活的结构特质和嵌入需求要求非遗文化在保留传统精髓的基础上进行创新转化和多样化表现。随着社会的多元化、生活方式的变化以及信息化时代的到来，非遗文化的适应性和嵌入性显得尤为重要。通过对现代社会需求的理解与回应，非遗文化不仅能够在现代生活中找到其独特的定位，还能够为当代社会提供文化认同、精神满足和社会功能的支持。非遗文化的嵌入，是传统文化与现代生活相互交融的过程，也是传统智慧在当代社会中实现复兴的重要途径。

第三节　非遗文化与现代生活的互嵌关系

一、非遗文化现代传承的挑战与机遇

随着社会的快速发展与全球化进程的推进，非遗在现代社会的传承面临着前所未有的

挑战和机遇。传统的非遗项目，承载着各民族、各地区独特的文化记忆与价值观，随着现代化进程的推进，许多非遗文化面临着逐渐消失的危机。城市化、信息化的浪潮，以及现代科技的普及，使传统手工艺、民俗活动等非遗形式遭遇了前所未有的冲击。非遗的现代传承并非完全的逆流而上，在这些挑战中也蕴藏着巨大的机遇。现代技术、社会需求的变化以及全球文化的交融，都为非遗的传承提供了新的可能性。

非遗文化的现代传承不仅需要面对传统与现代之间的冲突，还需要找到一种既能保持其传统精神，又能与现代社会生活相融合的方式。这应要求非遗文化必须在不失去其独特性的基础上，进行创新与适应，使其在当代社会焕发出新的生命力。理解非遗现代传承面临的挑战及其潜在机遇，对于推动非遗的可持续发展和有效传承具有重要意义。

（一）非遗文化现代传承的挑战

现代社会的快速变化对非遗文化的传承带来了多方面的挑战。最为显著的挑战之一是全球化对地方文化的冲击。在全球化进程中，西方文化的影响，以及现代化、大众化娱乐方式的普及，使许多地方传统文化逐渐失去了其原有的社会功能和吸引力。年青一代对传统文化的认同感和兴趣逐渐减弱，许多人更倾向于接受现代娱乐文化和消费方式，而非传统的民间艺术和手工艺。这导致许多非遗项目面临着人才缺乏和传承困境。

非遗项目的传承依赖师徒制的教学模式和口传心授的方式，随着社会变迁，尤其是人口流动加剧，许多传统的手工艺和艺术形式的传承面临着断代的风险。老一代的传承人逐渐老去，而年青一代由于教育和就业压力，往往难以全身心投入非遗文化的学习和传承。这种现象使许多传统技艺在现代社会中逐渐失去了生机，甚至走向消亡。

同时，非遗文化的保护和传承还面临着资金、政策支持等方面不足的影响。尽管政府和社会组织加大了对非遗保护的力度，但整体上仍存在资源分配不均和保护力度不足的问题。许多非遗项目缺乏足够的资金和平台进行宣传和普及，导致其知名度不高，难以吸引更多的关注和参与。

（二）非遗文化现代传承的机遇

在面临众多挑战的同时，非遗文化的现代传承也蕴含着巨大的机遇。现代科技的发展为非遗文化的保存与传播提供了新的手段和平台。数字化技术的应用使非遗项目能够以更高效、广泛的方式进行保存和传承。传统的音乐、舞蹈和手工艺技艺可以通过视频、VR等方式进行记录和展示，从而突破地域限制，使更多人能够了解和接触到这些文化形式。

随着社会对文化多样性的需求和传统文化的重视，非遗文化的现代化应用和创新逐渐受到关注。许多非遗项目通过与现代设计、艺术以及创意产业的结合，焕发出新的生命力。非遗的元素被融入现代家居、时尚设计、广告、旅游等多个领域，为传统技艺开辟了全新的市场和应用场景。这不仅为非遗文化带来了经济效益，也增强了社会对传统文化的认同和价值认可。

现代教育体系也为非遗文化的传承提供了有力支持，许多高校和文化机构开设了非遗课程，并通过开展与非遗相关的学术研究和社会实践活动，培养了一大批年轻的非遗传承人。这些年轻人将传统技艺与现代创意相结合，为非遗文化的传承提供了新的视角和动力。通过教育与实践，非遗文化不仅得以延续，还能够在现代社会中得到创新和发展。

随着人们对文化自信的重视，非遗文化逐渐成为国家文化软实力的重要组成部分。许多国家和地区已经认识到非遗文化在增加社会凝聚力、增强文化认同感方面的重要作用。在这一背景下，非遗的保护和传承逐渐从单纯的文化遗产保护转向更为综合的文化振兴计划。国家和地方政府通过加强非遗项目的推广、创建传承基地、发展非遗旅游等方式，促进了非遗文化的现代传承。

非遗文化的现代传承面临着许多挑战，但也迎来了难得的机遇。在全球化和现代化进程的背景下，非遗文化必须面对传统与现代之间的冲突，找到创新与适应的路径。现代科技的进步、创意产业的发展以及教育体系的支持，为非遗文化的保护、传播和创新提供了全新的可能性。通过多方力量共同努力，非遗文化不仅得以保存，还能在现代社会中发挥更大的作用，为当代文化的多样性和社会的文化认同贡献力量。非遗文化的传承是一个动态的过程，它不仅是对传统文化的延续，更是对传统文化在现代社会中的再创造与再发展。

二、非遗文化嵌入现代生活的传承机遇

在现代社会的背景下，非遗不仅承载着各民族的历史与记忆，更与现代生活的需求和文化生态相结合，形成了独特的传承与创新模式。随着全球化进程的加速和信息化技术的发展，传统非遗文化面临着前所未有的机遇与挑战。如何在现代社会中找到非遗文化的传承之道，使其能够焕发新的生命力，已成为当代文化传承领域的重要课题。传统文化的活态传承需要超越单纯的保护和复制，在当代社会的多元化环境中实现创造性转化与创新发展。通过技术手段、产业化发展和社会认同的提升，非遗文化可以与现代生活深度融合，创造出符合现代需求的文化产品和服务，促进文化的多样性和社会的和谐发展。

非遗文化嵌入现代生活的传承机遇，依赖社会各个层面的共同推动。从政府到市场，从教育到文化产业，非遗文化在新时代得到了前所未有的关注和资源支持。通过这些力量

的共同作用，非遗不仅能够保持其历史的价值和文化的精髓，还能实现与现代社会的有机结合，为当代社会提供精神滋养和文化支持。理解非遗嵌入现代生活的传承机遇，并探索其实现路径，对于推动非遗文化的可持续发展具有重要意义。

（一）科技创新助力非遗文化的数字化转型

现代科技的迅猛发展为非遗文化的保护与传承提供了全新的机遇。数字化技术，尤其是 VR、AR、3D 打印等技术的应用，为非遗项目的保存、传播和创新提供了强大的支持。通过数字化手段，传统的民间艺术、工艺制作和节庆活动得以高效保存，并通过网络平台进行广泛传播，突破了时间和空间的局限，使更多人能够接触并体验这些传统文化形式。

传统的手工艺品和技艺可以通过高清摄影、三维扫描等技术手段进行精准记录，从而在不破坏其传统工艺的前提下，实现其长期保存。通过 3D 打印技术，一些传统工艺品不仅可以复原，还能够进行现代化的改良，满足现代市场对个性化和创意产品的需求。VR 和 AR 技术也被广泛应用于非遗文化的传播和展示，为观众提供沉浸式的体验，使他们能够在虚拟空间中感受到传统文化的魅力，从而激发更多人对非遗的兴趣与认同。

通过这些现代科技手段的运用，非遗文化不仅能够传承下去，而且在当代社会中找到了更具活力的表达方式，使其能够融入现代生活，成为现代文化的一部分。这些技术不仅提高了非遗的传承效率，也拓宽了其在现代社会中的应用领域，促进了非遗文化的创新与发展。

（二）教育体系的支持与非遗文化的传承

教育在非遗文化传承中发挥着至关重要的作用，现代教育体系的构建，为非遗文化的传承提供了全新的支持平台。通过学校教育和社会文化活动的推动，非遗文化不仅能够在传统的师徒传承模式中得以延续，还能通过教育体系向更广泛的人群传递，从而为非遗文化的传承奠定坚实的基础。

许多高等院校和专业机构已经开设了非遗相关课程，培养了大量的非遗传承人和专业人才。这些学校和文化机构通过创新的教学模式，结合理论与实践，帮助学生深入了解非遗文化的内涵与传承意义。同时，许多非遗传承人也通过开设工作坊、讲座和实践课程，将自己的技艺传授给年青一代，激发他们对传统文化的兴趣和认同。在这个过程中，非遗文化的教育不仅是对传统技艺的传授，更是对文化认同和文化自信的培养。

通过教育体系的支持，非遗文化不仅在学术领域得到了关注，还通过社会实践和创新活动得到了广泛的传播。许多地方政府和文化机构通过开展非遗文化活动、举办非遗节庆、组织民间艺术表演等方式，使非遗文化更加深入人心，获得了社会各界的广泛认同与参与。

非遗嵌入现代生活的传承机遇，既源于现代社会需求的变化，也得益于科技创新、文化产业化和教育体系的支持。通过现代科技手段的应用，非遗文化得以精准保存并广泛传播；通过文化产业的推动，非遗文化在现代市场中找到了新的生命力和发展空间；通过教育体系的培养，非遗文化的传承得到了更为广泛的支持和推动。非遗文化的现代传承不仅是对传统文化的保护，更是通过创新性转化，使其在现代社会中焕发出新的活力。借助这些机遇，非遗文化不仅能够持续传承下去，还能够为现代社会提供丰富的文化资源和精神支撑。

三、现代生活嵌入非遗的变革挑战

随着全球化的加速和现代生活方式的变化，非遗作为人类历史和文化的见证，正面临着前所未有的变革挑战。传统的非遗项目，原本深深根植于特定社会和文化的土壤中，承载着丰富的历史与精神内涵。然而，在现代社会日益复杂和多元化的背景下，非遗文化的传承和创新正经历着一系列困难和转型。随着信息化、数字化以及全球化的推进，现代生活方式的变化对非遗文化的适应性提出了更高要求。非遗文化如何适应现代社会的需求，如何在现代生活中保持其文化价值和社会功能，已经成为摆在文化学者、政策制定者和社会各界面前的重要课题。

非遗文化的变革挑战，既来自现代技术和生活方式的冲击，也来自社会认知与文化认同的转变。在此过程中，非遗文化的保护和传承不仅依赖传统的传授方式，还需要与现代生活的多元需求和社会发展相结合。如何在尊重传统、保护文化精髓的基础上，使非遗文化更好地融入现代社会，成为文化自信的体现，是实现非遗文化可持续发展的关键。

（一）现代技术对非遗文化的冲击与挑战

现代科学技术的迅猛发展，尤其是信息化、数字化技术的普及，给社会各行各业带来了前所未有的冲击与挑战。非遗文化，尤其是传统技艺、民间艺术和节庆活动，在现代信息传播技术的影响下，面临着一方面是保存和传承方式的创新，另一方面是与传统文化表达和认知的分歧。尽管技术提供了非遗数字化保存、在线展示和传播的新方式，但技术的高度普及也使得非遗文化的“原真性”受到了质疑。

以手工艺品为例，3D 打印和其他数字化技术使许多传统的工艺品可以快速复制和制造，但这是否能够保留手工艺品原有的文化价值和社会功能？许多传统技艺在数字化过程中，由于对工艺细节的简化或替代，会失去原有的艺术性与情感联系。如何在技术与传统文化之间找到平衡，保持非遗文化的独特性和原真性，是现代社会嵌入非遗的首要挑战。

信息技术虽然为非遗提供了传播的广阔空间，但也引发了非遗文化的商业化、娱乐化倾向。随着现代消费者对新颖性和娱乐性的需求日益增长，如果非遗文化在传播过程中过度迎合市场需求，那么会导致其深层文化意义被简化或误读。趋向大众化和娱乐化的现象，将使传统文化的传承面临着文化深度丧失和价值观的异化问题。

（二）全球化背景下非遗文化的认同危机

全球化的推进，加速了文化的交融与冲突。在这一过程中，非遗文化的本土性、地域性和民族性逐渐受到外来文化的冲击，特别是在全球化的文化消费环境中，传统非遗文化在全球市场中缺乏足够的辨识度和影响力。随着跨国文化产业和全球化商业模式的兴起，非遗文化在全球文化体系中的地位不断被边缘化。外来文化的传播占据主导地位，使传统文化逐渐失去了原本的生命力。

非遗文化的传承不再局限于本土社区或特定群体的传承，而是成为全球化过程中多元文化交流的一部分。现代社会的青年群体，特别是城市中的年轻人，逐渐远离传统文化，倾向于接受现代的文化潮流与流行文化，致使非遗文化的认同危机表现得尤为明显。传统的民间艺术、手工艺和节庆活动，面临着如何在现代社会中找到文化认同的难题。

这种认同危机不仅是对非遗文化的文化价值的忽视，更是对传统文化与现代生活方式相冲突的体现。年青一代对非遗文化的认同感逐渐弱化，导致非遗的传承依赖逐步减少的老一代人和专家的保护与传授。这种传承的代际断层，不仅使非遗文化面临着人力资源短缺的困境，也使非遗的社会功能被削弱。

（三）现代生活方式的变迁与非遗文化的适应性

现代社会的快速变迁和生活方式的多样化，对非遗文化的适应性提出了更高要求。非遗文化的很多形式，诸如传统技艺、民俗节庆和口头传承等，往往以较为缓慢、精细的方式传递，这与现代社会的快节奏、高效率的生活方式产生了明显的冲突。随着社会节奏的加快，许多人已经不再有足够的时间和空间去参与和体验传统文化活动，导致非遗文化在现代社会的传承和应用面临难题。

传统的手工艺制作、传统音乐演奏等需要长时间的学习和实践，与现代社会快速发展的就业需求、学习压力以及娱乐消费方式之间的矛盾，造成了非遗文化在当代社会的边缘化。现代生活方式的普及，使许多年轻人对于传统手工艺和民间艺术的兴趣逐渐减弱，而这种文化的“慢”特性，在现代社会的“快”节奏中难以找到合适的生存空间。

现代消费文化对非遗文化的需求逐渐转向便捷、即时的文化体验和消费方式，而非遗本身所承载的手工制作、时间积淀和人文价值，在这种消费趋势中显得不合时宜。为了能够在现代生活中持续传承，非遗文化需要与现代消费趋势相结合，创新表达方式，以适应新时代的发展。

现代生活对非遗文化的嵌入带来了诸多变革和挑战，现代技术的飞速发展使非遗文化的传承方式发生了巨大的变革，但也给非遗的原真性和文化深度带来了挑战。全球化的进程导致传统文化的认同危机，尤其是年青一代对非遗文化的认同逐渐弱化，非遗文化的社会功能面临着丧失的风险。现代生活方式的变迁使传统的非遗项目与现代社会的快节奏生活产生了冲突，这要求非遗文化在传承过程中必须实现创新和适应。

在这一系列挑战的面前，非遗文化的现代传承需要更加注重创新与适应，以便在快速变化的现代社会中保持其生命力和活力。非遗文化的保护不仅是对传统的坚守，还应当在现代社会中进行创造性转化，使其能够在当代生活中继续发挥重要作用。只有通过科技手段、社会支持和文化认同的增强，非遗文化才能够克服变革挑战，在现代社会中找到更广阔的发展空间。

四、非遗与生活相融合的互嵌原则

非遗是各民族文化的重要组成部分，它不仅承载着历史的记忆，也体现了独特的社会功能和文化价值。在现代社会，非遗文化面临着与快速变化的现代生活方式相适应的挑战。如何将非遗文化与现代生活有效融合，成为当代文化传承中的重要议题。非遗与现代生活的融合不仅是形式上的结合，更是文化价值与社会需求的深度契合。为了实现非遗文化的可持续发展，必须遵循一定的互嵌原则，这些原则不仅有助于非遗在现代社会中找到新的生存空间，还能确保其文化精神和社会功能在传承过程中不失真。

非遗与生活的相互嵌入，是一个双向互动的过程，涉及非遗文化的创造性转化和现代生活的文化再生产。通过这种相互嵌入，非遗文化不仅能够在现代社会中重新焕发活力，还能为现代社会注入传统文化的智慧和价值。在这一过程中，非遗的现代应用和创新转化不仅能够满足现代人对文化的多元需求，还能增强社会的文化认同与凝聚力。实现这一目标，需要在非遗与现代生活之间找到合理的平衡，确保传统文化在现代生活中的有机嵌入。

（一）非遗与现代生活的文化契合

非遗文化作为传统文化的代表，其价值不仅体现在历史的积淀上，还在于其所蕴含的生活智慧和社会功能。为了使非遗文化在现代社会中得以延续，必须找到非遗与现代生活的契合点。现代生活的多样性和全球化的趋势，使传统文化要想生存和发展就必须在全球文化环境中找到自身的定位。非遗文化的契合并不是简单地将传统形式复制到现代生活中，而是通过对其内涵的再认识和再创造，使其适应现代社会的需求和节奏。

在现代社会，文化消费需求日益多元化，人们不再满足于单一的娱乐和休闲方式，而是寻求更为丰富的精神体验和文化认同。非遗文化通过其独特的艺术表现、技艺传承和文化内涵，恰好能满足这一需求。传统的手工艺和民间艺术，不仅有着深厚的历史积淀，而且其独特的技艺和艺术形式往往能够触及人们心灵的深处，从而引起情感的共鸣。通过现代设计、创意产业和文化创新，非遗能够以全新的方式融入现代生活，为现代社会提供精神和文化的食粮。

在这个过程中，非遗文化的传承不仅依赖传统的艺术表现形式，还可以通过创新转化、跨界合作等方式，使其适应现代社会的文化需求。这种文化契合，既尊重传统文化的精髓，又能在现代社会中找到全新的表达方式，促进了传统与现代之间的互动与共生。

（二）非遗与现代生活的社会功能重构

非遗文化的社会功能，主要体现在其对社会价值观的传递、社会关系的维护和文化认同的构建等方面。随着现代社会结构和人际关系的变化，传统非遗文化的社会功能也需要进行适应性重构。现代社会的快节奏生活方式、个体化的生活形态以及信息化、数字化的沟通形式，使传统的社交活动和文化表达形式面临着转型的需求。

非遗文化的嵌入，必须在社会功能上进行再创造。传统的节庆活动、手工艺品制作和民俗文化等形式，不再仅仅是社会生活的辅助手段，而是成了现代生活的重要组成部分。通过对非遗文化社会功能的重构，可以让它们不再仅仅停留在传统的娱乐和祭祀活动中，而是成为现代社会文化认同和社会互动的重要载体。

现代社会中的社交需求和情感需求常常通过数字平台和现代媒介进行表达和交流，传统的民间艺术和节庆活动通过这些媒介的创新性传播，可以拓展其社交功能和情感联系。许多地方的传统节庆活动，如春节、端午节等，通过数字平台的推广和现代化的包装，不仅保留了其传统的文化内涵，还与现代人的情感需求和生活方式产生了深刻的共鸣。

（三）非遗与现代生活的创新性转化

非遗文化的创新性转化，是非遗与现代生活相融合的核心要素。创新性转化不仅是对传统文化形式的简单改造，还要根据现代社会的需求和变化，对非遗文化的内涵进行创造性再塑。在这个过程中，非遗文化的“活态传承”发挥着重要作用。通过创新转化，非遗文化能够在不失其核心价值和精神内涵的基础上，融入现代生活，并赋予其新的表现形式。

现代科技的应用，为非遗的创新转化提供了丰富的手段。传统的民间艺术和手工艺可以通过现代设计的理念和数字化技术，进行创新性展示和传播。许多传统的手工艺品，通过与现代设计元素的结合，转化为具有现代感和市场价值的产品，满足现代人对美学和个性化的需求。非遗文化的表现形式也在与现代艺术的融合中得到了创新，使其更加贴近现代社会的审美标准和生活节奏。

非遗文化的创新性转化还包括其在现代社会中的功能拓展。传统的非遗项目，如传统音乐、舞蹈和手工艺等，可以与现代娱乐产业、时尚产业和旅游产业相结合，通过跨界合作与创新，使其融入现代人的日常生活。传统的手工艺制作与现代家居设计结合，可以成为具有市场竞争力的高端家居产品；传统民间舞蹈与现代舞蹈结合，能够成为流行舞蹈形式之一。通过创新性转化，非遗文化不仅能够在现代社会中生存下去，而且能够获得更多的市场机会和社会认同。

结合实际，整理非遗与现代生活的创新性转化的实例，如表 1–3 所示。

表 1–3　非遗与现代生活的创新性转化实例

非遗项目	现代转化方式	实际效果
传统茶艺	通过现代茶艺馆和茶文化体验中心结合现代生活需求，推动茶文化教育和互动体验	推广茶文化，吸引现代消费者的兴趣，文化教育作用显著
非遗织锦	将传统织锦工艺与现代时尚设计结合，开发服装、家居用品等，走向国际市场	传统技艺的创新性应用，扩大非遗产品的消费群体，增加经济效益
京剧	京剧元素通过影视剧、跨界音乐会等形式创新传承，吸引年轻人群体	京剧艺术在现代娱乐形式中生根发芽，拓宽观众层次，增强文化自信
民间手工艺	通过非遗工作坊和互联网平台展示手工艺制作过程，提升手工艺市场价值	非遗手工艺成为高端市场和文化旅游的新亮点，促进非遗传承
传统建筑	结合智能建造技术和环保理念，推广可持续发展建筑与传统建筑风格结合的现代项目	融合传统与现代建筑方式，提高社会对传统文化遗产的认知与保护意识

非遗与现代生活的融合不仅是一个文化传承的问题，更是一个文化创新的问题。通过

遵循非遗文化与现代生活的互嵌原则，可以有效推动非遗的现代化转化，并使其在现代社会中焕发出新的生命力。非遗与现代生活的文化契合、社会功能重构和创新性转化，为非遗文化提供了新的生存空间，也为现代社会带来了传统智慧的滋养。在全球化和信息化的背景下，非遗文化的创新性转化不仅是对传统文化的延续，更是对现代社会文化的丰富和提升。通过这种融合，非遗文化能够为当代社会提供精神支持，增强文化认同，并促进社会的多元化和文化的持续发展。

第二章　非遗"嵌入"现代生活的实践探索

第一节　政策引领：非遗嵌入民族生活的精神家园

一、政策导向下的非遗保护与传承

非遗作为民族文化的重要承载体，其保护与传承在现代社会中面临着日益严峻的挑战。随着社会的快速发展和全球化的推进，传统的非遗文化在许多领域逐渐失去其原有的社会功能和价值。在这种背景下，政策导向的保护和传承方式显得尤为重要。政策不仅为非遗的保护提供了法律框架和资金支持，还通过推动社会力量的参与，为非遗文化的可持续发展创造了有利条件。

在非遗文化的保护与传承过程中，政策导向起到了决定性的作用。通过政策的引导，不仅可以对非遗进行及时有效的保护，还能通过创新性的传承方式，使非遗文化融入现代生活，确保其不被遗忘。我国对非遗保护工作高度重视，非遗保护政策已逐渐走向系统化和规范化，不仅在国内形成了较为完善的法律体系，还在国际上加强了文化交流与合作。政策导向下的非遗保护与传承，不仅是对传统文化的延续，更是对文化多样性和人类智慧的尊重与弘扬。

（一）非遗保护政策的历史背景与发展

非遗文化的保护并非一蹴而就，而是随着社会发展不断深化的过程。在全球范围内，非遗保护的政策化进程始于 20 世纪中后期。1972 年联合国教科文组织通过了《保护世界文化和自然遗产公约》，该公约主要关注的是对物质文化遗产的保护。随着非遗逐渐受到关注，20 世纪 90 年代，国际上对非遗的保护需求逐步增加，联合国教科文组织于 2003 年通过了《保护非物质文化遗产公约》，明确提出非遗应当受到各国政府的保护，并要求缔约国家采取相应的措施进行有效管理。

中国对非遗的保护政策始于 20 世纪 80 年代，当时非遗的保护主要依赖地方性和传统性力量。2021 年 8 月 12 日中共中央办公厅、国务院办公厅印发《关于进一步加强非物质文化遗产保护工作的意见》，该意见指出，到2025年，非遗代表性项目得到有效保护，工作制度科学规范、运行有效，人民群众对非遗的参与感、获得感、认同感显著增强，非遗服务当代、造福人民的作用进一步发挥。到2035年，非遗得到全面有效保护，传承活力明显增强，工作制度更加完善，传承体系更加健全，保护理念进一步深入人心，国际影响力显著提升，在推动经济社会可持续发展和服务国家重大战略中的作用更加彰显。

随着国家政策的逐步完善，各地结合实际情况实施了有针对性的非遗保护措施。各地在政策落实过程中，针对本地非遗项目的实际需求，制定了不同的保护策略，形成了多元化的政策导向。通过政策引导，非遗保护逐步形成了涵盖法律、资金、社会组织等多个方面的综合性保护体系。

（二）政策引导下的非遗传承与创新

政策的引导不仅体现在非遗的保护上，更体现在其传承与创新的过程中。非遗的传承，传统上依赖口耳相传和师徒传授的方式，但随着社会的现代化，传统的传承方式逐渐变成多元方式。如何在保护的基础上推动非遗的创新性传承，成了现代社会非遗传承的重要议题。

在政策引导支持下，通过文化产业化、市场化等方式推动非遗的创新性转化。许多非遗项目不再仅仅停留在传统的文化形式中，而是借助现代科技、设计理念和市场需求，将其转化为具有时代感的文化产品。传统的手工艺品通过现代设计师的创新，成了兼具艺术性与实用性的现代家居装饰；传统的民间音乐和舞蹈通过与现代舞台艺术结合，成为深受年轻人欢迎的艺术形式。

除了产品创新，政策引导下的非遗还通过文化活动的创新传播，增强了其社会影响力。许多地方利用现代媒介和平台，组织非遗文化节、展览和线上活动，使非遗在现代社会中的传承更加广泛。传统的节庆活动通过数字化手段的传播，不仅保留其传统内涵，还通过现代化的包装和推广，吸引了更多年轻人参与。这种创新性的传承方式，不仅为非遗文化的生存创造了新的途径，也为现代社会提供了文化认同的空间。

（三）政策保障下的非遗保护机制与社会参与

非遗文化的保护和传承不仅依靠政策支持，还需要社会各方力量的共同参与。政策保障为非遗的保护提供了必要的法律框架和资金支持，而社会参与则确保了非遗文化在现代社会中的生命力。在政策导向下，政府通过制定相关法律和政策，为非遗的保护提供了必要的法律保障。政府还通过设立专门的非遗保护机构，加强非遗文化的管理和监督，确保其在现代社会中能够持续发展。

社会参与是非遗保护的重要支撑。除了政府的投入和政策引导，社会各界的广泛参与也是非遗文化得以生存与发展的关键。许多文化社团和民间艺术家积极参与非遗文化的保护和传承。通过举办文化活动、发掘非遗项目和参与非遗产品的设计与推广，社会力量在非遗保护中扮演了至关重要的角色。非遗爱好者和相关专家组成的社会组织，能够为非遗项目的传承提供资金支持和专业指导；企业和文化机构通过将非遗文化与现代商业模式结合，不仅为非遗提供了更广阔的传播平台，还为其提供了可持续发展的动力。

教育体系也在非遗的保护与传承中发挥着越来越重要的作用，各级学校通过开设非遗相关课程、组织文化活动等方式，将非遗文化融入现代教育体系中，培养了大批非遗传承人和专业人才。社会各界的广泛参与，不仅丰富了非遗的保护和传承方式，也为非遗文化注入了新的活力和创造力。

在政策导向下，非遗的保护和传承不仅得到了法律和资金的支持，还通过社会各界的广泛参与，形成了多方协同的保护体系。政府通过完善相关法律法规和政策，为非遗的保护提供了法律保障，并通过文化产业化、创新传承等手段，推动了非遗的现代化转化。在这一过程中，社会力量的参与和教育体系的支持，进一步增强了非遗文化在现代社会中的影响力。通过政策导向下的非遗保护与传承，不仅能够确保非遗文化的传承，还能够推动其在现代社会中的创造性转化，实现其独特的社会功能和文化价值。非遗的保护与传承，不仅是对传统文化的延续，更是对文化多样性和人类智慧的尊重与弘扬。

二、非遗在民族节日中的融入与展现

非遗是各民族历史、文化与精神的精华，它不仅承载了民族的历史记忆，还体现了传统社会的生活方式与价值观。民族节日作为每个民族重要的文化活动，不仅具有浓厚的文化象征意义，而且是非遗文化得以展示和传承的重要平台。节日作为一种社会活动，其本身就具备了强大的文化凝聚力和传播力。在这些节庆活动中，民俗文化、传统技艺、民间艺术等非遗文化通过各种方式被展现和传递，成为现代社会文化认同和文化自信的重要来源。

随着社会的不断发展，尤其是全球化进程的推进，传统的民族节庆活动和非遗文化的传承虽然面临着多方面的挑战，但是节日作为非遗文化的一部分，仍然是非遗文化创新性转化和现代传播的主阵地之一。通过民族节庆活动，非遗文化不仅得以展示，也得到了深度的再创造，使其在当代社会中仍然保持活力，成为现代生活的一部分。在节日的庆典中，非遗文化的各种元素得到了有机融合，为民族文化的多样性和传承提供了新的生存空间。

（一）民族节日中的非遗文化传承与展示

民族节日是非遗文化传承的重要场域。在这些节庆活动中，民间艺术、手工技艺、传统饮食、习俗仪式等非遗形式通过各种途径得以展现，成为民众生活的一部分。这些节日活动不仅是对传统文化的庆祝，更是非遗文化代代相传的重要方式。许多民族节庆活动在形式和内容上都与非遗文化密切相关，这些节日体现了民族文化的独特性和地方性，充满了历史的记忆和情感的寄托。

我国的春节、端午节、元宵节等传统节日活动，不仅是重要的民族庆典，也是丰富的非遗文化展示平台。春节期间的舞龙舞狮、传统年画、手工艺品的展示和民间歌舞表演，都是非遗文化的重要表现形式。每一个节日活动都包含了大量的非遗元素，它们通过家庭团聚、公共庆典和社会活动等形式，深入民众的日常生活中，使非遗文化得以传承和创新。

在许多民族节日中，非遗的展示不再局限于传统的习俗和表演，还通过现代化的传播手段与平台得到了全面而广泛的呈现。通过电视节目、网络平台、文化活动等形式，非遗文化得到了广泛的传播和展示，使更多的现代人，特别是年青一代，能够通过节日活动接触和感受传统文化的魅力。这种传承与创新的结合，确保了非遗文化在现代社会中的活力和影响力。

（二）民族节日中的非遗创新性转化与社会功能

随着社会现代化进程的推进，许多传统的节庆活动面临着如何与现代社会生活相适应的问题。如何将非遗文化与现代社会的需求和审美相结合，使其不仅能够保持传统精髓，还能满足现代人的情感需求和精神寄托，成为非遗文化在民族节日中的重要议题。

民族节庆活动中的非遗文化，正在通过创新性转化与现代社会生活深度融合。节日中的传统工艺、民间艺术、古老的音乐舞蹈等形式，通过与现代科技、设计理念和文化创意相结合，焕发出了新的生命力。传统的民间舞蹈和歌谣，通过现代舞蹈和音乐编排，与现代视听技术结合，形成了全新的表演形式，既保留了传统的艺术性，又符合现代人的审美需求。节日中的传统美食，通过现代化的传播平台和创新包装，不仅延续了传统的口味和烹饪技艺，还使传统美食成为深受欢迎的文化产品，进一步促进了非遗文化的社会化和市场化。

节日中的非遗文化创新性转化，也促进了其社会功能的拓展。非遗文化的社会功能，传统上体现在其对社会秩序、文化认同和情感寄托的作用上，而通过节日活动的创新与转化，非遗文化在现代社会的功能得到了进一步的拓展。非遗文化不再仅仅是对传统的继承，而是成为现代社会文化认同、社会团结和精神价值的一个重要源泉。节日活动通过非遗的展示和传承，使民众在共同的文化认同中建立联系，增强了社会的凝聚力和文化自信。

（三）非遗文化的保护与传承机制在民族节日中的实现

民族节日作为非遗文化的展示平台，其保护与传承不仅依赖传统的家庭和社会传授机制，还需要政策和文化体系的支持。在这一过程中，政府的职责尤为重要。通过制定相关法律法规、设立专项资金、推动文化创意产业等方式，政府为非遗文化的传承提供了强有力的支持。许多地方政府通过非遗文化节庆活动的组织和推广，推动了非遗文化的广泛传播，增强了民族文化的认同感。

在节日活动中，非遗的保护和传承依赖多方力量的合作与参与。社会组织、民间艺术团体、非遗传承人等各方力量，在节日活动中发挥着积极作用。通过集体参与和协作，非遗文化的传承不仅得到了保障，还能够通过创新和改良，使其更加适应现代社会的需求。文化机构和教育体系也为非遗文化的传承提供了平台，许多非遗项目通过教育和学术研究，培养了大批非遗传承人和文化创新者，推动了非遗文化的代际传递。

节日活动的开展不仅是对非遗文化的展示和保护，更是通过现代社会的多方参与与推动，使非遗文化在现代生活中找到了其独特的价值和地位。这种保护与传承机制的有效实现，确保了非遗文化在民族节日中的不断延续和创新。

非遗文化在民族节日中的融入与展现，不仅是传统文化的传承过程，更是文化创新与社会功能再造的过程。通过民族节庆活动，非遗文化得到了多层次的展示和传递，不仅继承了传统文化的精髓，也通过创新性转化，使其更加适应现代社会的需求。民族节日作为非遗文化的展示平台，不仅促进了非遗文化的保护与传承，也增强了社会的文化认同和凝聚力。非遗文化在民族节日中的创新转化和多样化展示，将继续成为文化传承的重要形式，推动非遗文化在现代社会中的持续发展。

三、非遗与民族文化旅游的融合发展

随着全球化与社会现代化进程的加快，传统文化的保护和传承面临着多重挑战。非遗作为民族文化的重要组成部分，其价值不仅体现在历史的积淀和社会的认同，也反映了民族的独特智慧与生活方式。非遗文化与民族文化旅游相融合，成为推动地方经济和文化可持续发展的重要力量。通过民族文化旅游的载体，非遗不仅得到了更加广泛的展示，还通过创新转化与市场化开发，激发了其新的活力和社会价值。

非遗与民族文化旅游的融合发展不仅有助于推动传统文化的保护和传承，也为现代人提供了与历史、文化深度对话的机会。民族文化旅游作为非遗文化展示的重要平台，在提升文化认同、增强民族自信心、促进区域经济发展的同时，也为非遗文化的创新转化提供了新的机遇。如何通过旅游资源的开发与非遗文化的融合，让非遗在现代社会中焕发新的生机，成为文化传承与创新的双重推动力，成为当前文化产业和旅游业融合发展的关键课题。

（一）非遗文化旅游发展的基础与前景

非遗与民族文化旅游的融合发展首先依赖其深厚的文化根基和丰富的旅游资源。民族地区的传统文化、民俗风情以及非遗项目，往往具有独特的地理与文化背景，使其成为吸引游客的重要元素。以中国西南部和少数民族聚集区为例，这些地方的民间艺术、传统技艺、节庆活动等非遗项目，构成了极具特色的旅游资源，为地方经济注入了活力。

民族文化旅游的基础，来源于对非遗文化的深刻理解和发掘。当地的传统文化、民间艺术、手工技艺、民俗活动等构成了旅游的核心内容。在这个过程中，非遗项目不仅是吸引游客的亮点，更通过与现代旅游需求的结合，提升了文化体验的深度。通过展示地方的非遗特色，如传统民间音乐、舞蹈、服饰、饮食等，游客能够在短暂的旅行中直接体验当地深厚的文化底蕴，进一步加深对民族文化的理解与认同。

民族文化旅游的发展并不是仅依赖非遗文化的表面展示，它还要求通过现代化的设计与营销手段，将非遗的文化价值和旅游需求有效结合，推动文化与经济的双向发展。随着人们旅游需求的多元化，传统的文化展示形式已经无法满足现代游客的需求。如何通过创新性的旅游体验，如互动性展演、文化体验、沉浸式旅游等方式，将非遗文化与旅游活动有机融合，成为提升旅游体验和文化传承质量的重要途径。

（二）非遗与民族文化旅游融合中的创新与挑战

在非遗与民族文化旅游融合发展的过程中，创新是确保其可持续发展的关键因素。非遗文化的旅游展示不是仅停留在传统的艺术形式和手工技艺展示上，还需要通过创新转化，创造出符合现代社会需求和审美的旅游产品。传统的民间艺术表演可以通过现代舞台技术和灯光效果的结合，创造出更具震撼力的视觉效果；传统的手工艺品，可以通过与现代设计的结合，成为符合现代生活方式的文创产品。利用数字化技术和 VR 技术，可以为游客提供更为沉浸式的体验，如虚拟非遗艺术展示、传统工艺的数字化学习等，使游客不仅是旁观者，还是参与者和创造者。

非遗与民族文化旅游的融合并非没有挑战，比如非遗项目的保护与创新之间就存在一定的矛盾。如何在创新中保持非遗的原真性与文化深度，是每个非遗项目在旅游开发过程中都需要面对的难题。非遗文化的市场化开发，在提升其社会价值和经济效益的同时，也会导致文化内涵的稀释与误读。非遗项目如果过度迎合市场需求，忽视了其文化本质，会导致文化的异化，从而失去其原有的精神价值。

（三）非遗与民族文化旅游融合发展的社会效益和经济效益

非遗与民族文化旅游的融合，不仅是文化产业发展的需求，也带来了巨大的社会效益和经济效益。非遗文化在旅游中的展示，有助于增强民族文化认同感，提升地方文化自信。通过文化旅游，游客能够更深入地了解民族的历史和文化，增进对多元文化的尊重和理解。这种文化认同感的建立，不仅有助于增强地方社会的凝聚力，也能为国家的文化多样性提供有力的支撑。

在经济效益方面，非遗与民族文化旅游的融合为地方经济发展提供了新的增长点。民族文化旅游通过吸引游客、增加旅游收入、创造就业机会等，带动了地方经济的增长。旅游产业的延伸发展，如文化创意产品、传统手工艺品等，也为地方文化产业提供了新的经济增长点。传统的织锦技艺和陶瓷制作可以通过旅游销售渠道推广，成为具有市场价值的文创产品，为当地工匠和企业创造可持续的收入来源。

非遗与民族文化旅游的融合，不仅实现了文化传承与创新的双赢，也为现代社会提供了丰富的精神体验和文化享受。非遗文化旅游的成功发展，将为地方经济发展注入新的动力，推动文化的多样性和社会的可持续发展。

非遗与民族文化旅游的融合发展，是现代社会对传统文化进行创新性转化的一个重要途径。通过将非遗文化与民族文化旅游相结合，不仅可以推动非遗的保护与传承，还能为地方经济发展提供新的动能。创新性的转化和市场化发展，是非遗文化在旅游产业中得以实现的关键，而保持非遗的文化内涵与价值，是确保其可持续发展的重要保障。非遗与民族文化旅游的融合，不仅促进了民族文化的传播与认同，也为地方经济注入了活力，推动了社会文化的多元化发展。

四、非遗在民族社区建设中的角色与功能

非遗是民族文化的重要组成部分，它不仅是文化传承的载体，也是民族认同和社会凝聚力的重要源泉。在民族社区的建设过程中，非遗文化扮演着至关重要的角色。随着社会的不断发展和全球化进程的推进，传统文化面临着前所未有的挑战，尤其是在民族地区，如何利用非遗文化促进社区建设，已成为一个备受关注的话题。非遗作为社区文化的重要资源，不仅能够增强居民的文化认同感，还能促进社会的和谐发展、增强民族团结，并为经济发展提供新的动力。

在民族社区建设的过程中，非遗文化不仅是传统的延续，它还能够通过与现代社会的结合，发挥出新的社会功能。通过非遗文化的传承和创新，民族社区不仅能保护和传承本民族的文化传统，还能够提升社区居民的自豪感和归属感，增强文化自信，并推动社会经济可持续发展。非遗在民族社区建设中的作用，不仅体现在文化的保留与创新上，更体现在增强社会凝聚力、改善民生和推动社区整体发展的多重功能上。

（一）非遗对民族社区文化认同的促进作用

在民族社区中，非遗文化作为文化认同的核心内容之一，对增强民族的凝聚力与认同感具有至关重要的作用。每一个民族的传统文化、历史记忆和社会习俗，都是该民族独特身份和文化特质的体现，而非遗则是这种独特性的重要表达方式。在民族社区，非遗不仅传承了本民族的传统技艺和文化，还能够帮助居民保持文化的延续性和连续性。

非遗文化通过节庆、仪式、艺术表演等多种形式，与民族社区的日常生活密切融合，使社区居民能够在共同的文化活动中找到归属感。在许多民族地区，传统的节日庆典、婚礼仪式和民间艺术表演等活动，都是非遗文化的重要体现。通过这些活动，社区成员能够共同体验民族文化的魅力，增强集体记忆，提升文化认同感和自豪感。非遗文化的传承不仅能让社区居民牢记历史和文化，还能使他们在现代社会的快速发展中，保持与传统文化的紧密联系，防止文化的断裂和遗失。

非遗还为民族社区文化认同的构建提供了实践平台。在一些民族社区，非遗文化作为文化认同的重要内容，通过社区活动和文化教育，不仅加强了居民之间的文化交流，还为不同民族间的文化互动提供了空间。通过非遗文化的共享与传递，社区内部的文化认同感得到了进一步的增强，民族团结也因此得到了巩固。非遗的传承促进了民族间的理解与包容，消除了文化隔阂，增强了民族文化的凝聚力。

（二）非遗促进民族社区社会和谐与社会功能重构

非遗在民族社区建设中，不仅有助于增强文化认同和推动经济发展，还能够促进社会和谐与社会功能的重构。非遗文化具有强大的社会功能，它不仅能够传递传统的伦理道德和行为规范，还能促进社会成员之间的互动与合作。在民族社区，非遗文化常常通过共同参与的方式，成为社区居民之间的情感纽带，促进了社区的团结与和谐。

在许多民族社区，非遗通过文化活动的形式促进社会成员之间的联系和交流。传统节日的庆祝活动、民间工艺的传授与分享、传统舞蹈的集体表演等，都是非遗文化与社区互动的重要形式。这些活动不仅增强了社区成员之间的互助合作，还为他们提供了共同参与和表达情感的空间。通过非遗活动，社区居民能够在日常生活中感受到集体的力量，进一步强化社会凝聚力和社区认同感。

非遗文化还可以帮助重构社区的社会功能，在现代社会的快节奏生活中，许多社区面临着情感冷漠和社区关系松散的问题。而非遗文化通过其历史传承和社会功能，提供了重新构建社区关系的可能。非遗的社会功能不仅体现在文化的传递上，还能通过活动的组织和传承的实践，帮助社区成员重新获得情感归属，促进社会责任感和集体意识的提升。

非遗在民族社区建设中的角色与功能，不仅体现在文化传承和展示上，还涵盖了经济发展、社会和谐、社会认同等多重层面。通过非遗文化的传承，民族社区能够增强文化认同，推动经济发展，并促进社会的团结与和谐。非遗作为民族社区文化的核心，不仅是传统文化的载体，更是现代社区社会功能重构的关键因素。通过政策支持和社会参与，非遗文化在民族社区建设中的作用将进一步得到发挥，为民族地区的可持续发展提供重要动力。非遗的传承与创新，不仅能够增强民族自信心和文化自豪感，还能为现代社区建设提供更为丰富的文化资源和社会价值。

第二节　认知感召：非遗嵌入交往生活的和谐家园

一、非遗在人与人交往中的桥梁作用

非遗不仅是民族文化的重要组成部分，更是在全球化日益加深的背景下，促进不同文化交流和理解的重要媒介。非遗文化通过其独特的艺术表现、传统技艺、民俗活动和社会习俗，架起了文化之间沟通的桥梁。它作为一种富有生命力的文化形式，不仅保留了各民族的历史和记忆，还成为不同文化之间理解和尊重的纽带。在人与人交往中，非遗文化的桥梁作用体现在它能够消除文化差异，增进文化认同，促进社会和谐，甚至在跨文化交流中发挥着不可或缺的作用。

在现代社会，随着全球化的推进，文化间的交流日益频繁，非遗文化作为连接不同文化的纽带，其作用愈发显得重要。非遗文化不仅是传统的延续，它的传递和展示也帮助现代人了解和尊重其他文化。通过非遗的形式，文化的界限被模糊，民族的隔阂被打破，人们的情感和认知得到了融合。非遗在人与人交往中的桥梁作用，成为文化传播和社会建设的重要力量。了解非遗如何在人与人之间搭建沟通平台，能够帮助我们更好地理解其在当代社会中的独特价值。

（一）非遗作为文化认同的载体

非遗文化在人与人交往中的桥梁作用，体现在它能够强化文化认同感。每一个民族的非遗项目，都是该民族在历史长河中积淀下来的独特智慧和生活方式，承载了该民族的情感与记忆。通过非遗文化的传承和展示，个体不仅能够加深对本民族文化的认同，还能够在与他人交流时，增进对其他文化的尊重与理解。非遗文化作为一个共通的语言，超越了语言的障碍和地域的限制，使不同文化背景的人们能够通过共同的文化体验进行沟通和交流。

在节庆活动中，传统的歌舞、民间艺术和手工艺品不仅是文化传承的工具，它们也为来自不同文化背景的人们提供了交流的平台。通过参与这些活动，个体能够感知他人的文化价值和生活方式，从而增强文化理解与尊重。通过非遗文化，民族之间的文化差异被转化为共同的文化财富，这种跨文化的互动促进形成了更加包容和和谐的社会环境。

非遗不仅在民族文化内部起到了认同和凝聚的作用，还能够在跨文化交流中促进认同感的建立。尤其是在现代社会，随着不同民族和文化背景的人们频繁互动，非遗作为文化认同的载体，能够在相互交流和理解中发挥独特的作用。通过参与非遗相关的活动和节庆，不同背景的人们能够通过文化共同体的构建，形成对彼此的认同，进而消除文化隔阂，促进社会和谐。

（二）非遗促进跨文化理解与沟通

非遗文化在人与人交往中的另一个重要作用是促进跨文化理解与沟通。随着全球化的深入，文化多样性成为社会的一个突出特征，不同国家和民族的人们在日常生活中频繁接触，文化差异也随之显现。非遗通过其独特的表现形式，在促进文化认同的同时，也成为各文化之间对话和交流的重要途径。非遗的展示与传播，不仅让不同文化背景的人们感知到彼此的独特性，还能够帮助他们在尊重差异的基础上找到共同点，促进文化的交流与融合。

非遗的传承和展示为跨文化沟通提供了一个平台，在跨国交流和文化旅游中，非遗文化成为两种甚至多种文化接触的桥梁。通过参与其他民族的传统节日、工艺制作和艺术表演，游客和当地居民能够更加直接地了解对方的文化，而这种文化交流常常超越了语言和意识形态的障碍，达成了情感上的共鸣。我国少数民族的节庆活动和传统艺术通过旅游的形式吸引了世界各地的游客，这些游客通过亲身体验和参与，获得了对该民族文化的深入理解，从而促进了不同文化群体之间的友好关系。

非遗文化的传播还跨越国界，进入国际社会。通过国际文化节、展览、艺术交流等形式，非遗文化为各国人民提供了分享文化的机会，增进了对异国文化的理解。它通过人们的情感联系和体验交流，促进了跨文化的理解，使不同国家和民族的人们在尊重差异的基础上，增强了文化的包容性和多样性。

（三）非遗在促进社会和谐与团结中的作用

非遗文化在人与人交往中的桥梁作用，还体现在它能够促进社会和谐与团结的功能上。非遗作为文化的重要载体，不仅传递了传统文化的智慧，还具有强大的社会功能。特别是在多民族的社会中，非遗文化为不同群体提供了一个共同的文化平台，使不同民族和社会群体能够在共同的文化背景下，减少冲突，增进理解，促进社会的和谐与团结。

非遗文化的活动通常具有强烈的社会性和参与性，很多非遗项目是由社区共同参与和传承的。在这些活动中，社区成员无论年龄、性别或背景如何，都能够共同参与其中，分享传统文化的价值，体验传统技艺的魅力。这种文化的共享和共同体验，增强了社区成员之间的相互理解和情感交流，使社会更加和谐，增强了社区凝聚力。在民族地区，非遗的展示和传承更是民族团结的重要工具，传统节庆和民间艺术表演，往往成为不同民族共同参与的活动，促进了民族间的交流与融合。

非遗文化的推广不仅限于物质上的传播，还通过文化的认同和精神的共鸣，推动社会的共同发展。通过非遗，社区和社会能够凝聚起文化认同，使人们在现代社会的多元化背景下，依然能够保持对传统文化的尊重与传承。这种文化认同感不仅促进了社会的和谐，还为社会的长远发展提供了坚实的文化基础。

非遗在人与人交往中的桥梁作用，体现在它在增强文化认同、促进跨文化理解与沟通、推动社会和谐与团结等方面，发挥着不可替代的作用。非遗作为文化的载体，不仅让人们了解和尊重不同的文化，还能够促进社会的共同体建设和文化的交流融合。通过非遗文化的展示和传承，不同民族、不同文化背景的人们能够通过共同的文化体验，减少隔阂，增加理解，进一步增强文化的包容性和多样性。在现代社会，非遗文化不仅为传统的延续提供了保障，还为社会的和谐发展提供了文化支撑。非遗在全球化和多元文化的背景下，依然保持着它独特的桥梁作用，成为文化交流和社会凝聚的重要力量。

二、非遗在人与自然交往中的智慧体现

非遗不仅是民族文化的代表，还承载着人与自然之间深厚的联系。自然界对人类文明的发展起到了至关重要的作用，而非遗文化正是人类与自然互动的产物，体现了人类在长期历史进程中对自然的观察、理解和适应。传统的非遗文化通常与人类生活的自然环境紧密相连，涵盖了从农业生产到环境保护、从民间智慧到传统技艺的各个方面。非遗项目中，蕴藏着深厚的生态智慧，反映了人类是如何在尊重自然、与自然和谐共生的基础上的生存与发展。

在当今社会，随着人类活动对自然环境的影响愈加显著，非遗文化中的生态智慧为现代社会提供了许多值得借鉴的理念。通过对非遗文化的传承与发掘，现代人不仅能够更好地理解和尊重自然，更能在应对环境问题时，汲取传统智慧的力量。这种人与自然和谐共生的理念，在非遗文化中得到了深刻的体现，并为现代社会的可持续发展提供了新的思想和路径。

（一）传统农业与自然的和谐关系

自有人类以来，农业生产便是人与自然交往中最为直接和密切的活动。古代社会的农业技术和方式，依赖对自然规律的深刻理解，并与自然环境达成了高度的和谐。非遗文化中，农业技术和知识的传承不仅是对生产力的提升，更重要的是在这一过程中体现了人与自然的关系。中国传统的农耕文化，深刻体现了人与自然的和谐共生，如农时的选择、节令的安排、土壤的养护等，都包含着人类根据自然规律所总结出的智慧。

传统的农耕文明往往依据“天人合一”的哲学思想，将自然变化与农业生产相结合。农民通过观察天象变化，了解气候的变化规律，调整播种和收获的时间。在中国，传统的二十四节气不仅是农业生产的指南，也反映了古代人民对季节变化和气候模式的准确把握。这一智慧体现在各地的节令性活动中，通过节气调整农业生产策略，确保人与自然之间的和谐共生。

传统农业的可持续性也表现了人与自然和谐共生的智慧。传统的轮作制度和土地轮耕方式，不仅保护了土壤的肥力，减轻了农业生态系统的负担，还有效避免了土地的过度开垦和退化。这些传统农业知识，经过长期的实践验证，不仅增强了生产的可持续性，也维系了生态系统的健康。

（二）非遗中的自然智慧与环境保护

非遗文化中的自然智慧不仅体现在农业生产方面，还体现在人类对环境保护的实践和理念上。传统文化中，人与自然的关系常常被视为一种相互依存、相互保护的状态。在许多民族和地区，传统的自然保护知识和方法被代代相传，并且至今依然对现代社会的环境保护提供了宝贵的借鉴。

许多传统文化中都有保护水源和森林的规定。在我国一些地方，古人设立了“禁渔期”或“禁猎期”，在一定时间内禁止捕鱼和狩猎，以保护水资源和动物种群的可持续发展。这些禁忌制度背后蕴含着对自然资源循环和生态平衡的深刻理解。通过这些行为，人类社会避免了对自然资源的过度消耗，维护了生态环境的稳定。

许多民族的传统知识中还包含了对动植物的敬畏和保护。在一些地区，居民根据传统的宗教信仰或社会习惯，禁止捕杀某些动物或采伐某些植物，这种保护自然的行为不仅基于对自然的尊重，也有助于维持生态系统的多样性和稳定。这些传统的自然保护观念和行为，不仅反映了人类对生态环境的尊重，也为现代社会的环境保护提供了许多可借鉴的智慧。

随着现代社会对生态环境问题的日益重视，非遗文化中的自然智慧为当代的环保行动提供了重要的参考。在应对气候变化、森林保护、物种保护等全球性问题时，现代社会可以从这些传统知识中汲取经验，寻求与自然和谐相处的方式，避免过度开发和无节制的资源消耗。

（三）非遗中的生态智慧与可持续发展

非遗文化中的生态智慧，不仅是对自然资源的保护，还体现在其推动社会可持续发展方面。传统文化中的许多理念，如节约资源、合理利用、顺应自然等，都强调了人与自然之间的可持续互动。这些理念为现代社会的可持续发展提供了有益的借鉴，特别是在全球面临能源危机、资源枯竭和生态退化等问题时，非遗文化中的生态智慧显得尤为重要。

传统的手工艺生产方式注重原料的合理使用和资源的循环利用。许多传统的工艺品制作，如竹编、草编等，采用了可再生资源，同时工艺技术也尽量避免浪费。这种以资源节约为核心的生产理念，体现了人类在历史进程中对可持续发展的早期探索。在现代社会，随着对环保和可持续发展的关注，许多传统工艺和制作方式重新受到重视，并在现代生产中得到了广泛应用。

非遗文化中的生态智慧还体现在地方性的资源管理和社区生活方式上。许多民族的传统智慧，如土地的轮耕、灌溉系统的自然调控等，都体现了对生态平衡的深刻理解。这些传统的资源管理方式，强调在保持生态多样性的前提下进行资源的合理利用，为可持续发展提供了实践经验。这些经验不仅在当地得到了应用，也在现代社会的环境治理和资源管理中起到了积极作用。

非遗在人与自然交往中的智慧体现，是人类文化与自然环境深度融合的结果。传统的农业技术、自然保护理念和生态智慧，都是人类社会在长期生产实践中积累的宝贵财富。非遗文化通过其独特的方式，传承了人与自然和谐共生的智慧，并为现代社会的可持续发展提供了丰富的资源和灵感。在当代，非遗文化中的自然智慧不仅能帮助我们更好地理解和尊重自然，还为环境保护、生态恢复和可持续发展提供了实践依据。通过对非遗文化的保护与传承，现代社会可以汲取其中的智慧，推动人与自然的和谐共生，促进社会的可持续发展。

三、非遗在国家及民族交往中的文化交流

非遗是每个民族独特的历史记忆和文化表达，它不仅展现了民族的智慧，还体现了人

类与自然、社会之间深刻的互动。非遗文化通过其独特的艺术形式、技艺和传统习俗，成为文化交流和沟通的重要媒介。在全球化日益加深的今天，民族及国家之间的文化交流变得尤为重要，非遗文化作为文化交流的平台，不仅为不同民族之间的互动搭建了桥梁，还促进了多元文化的融合和理解。

非遗文化的跨国界交流，促进了各民族之间的相互尊重与理解，提升了文化认同感，并为世界文化多样性的保护作出了重要贡献。通过非遗的展示、传承与创新，各国和民族之间能够更好地共享文化成果，克服文化隔阂，增强全球范围内的文化认同与凝聚力。在这一过程中，非遗不仅是民族文化的符号，它也成为全球性文化对话与合作的重要平台。在当前推动共建人类命运共同体的背景下，非遗文化的交流与传播有助于促进和平、友谊与合作。

（一）非遗文化在国际交流中的角色

非遗文化在国家及民族之间的文化交往中，扮演着重要的角色。非遗作为一种文化表现形式，具有无国界、无语言障碍的独特优势，能够有效地促进民族间的相互理解与文化认同。在国际舞台上，非遗文化的展示与交流，成为各国文化软实力的一部分。每个国家和民族的非遗文化都充满了独特的历史背景和文化内涵，展现了独特的社会价值观和生活方式。这些文化元素通过不同的文化交流形式，如国际展览、文化节庆、演出活动等，逐步传播到世界各地，成为文化对话的重要内容。

中国的春节文化、印度的瑜伽、非洲的传统音乐等，通过各类国际文化活动传播到世界各地，不仅能让外界更好地理解和尊重这些文化背景，还促进了民族之间的情感交流与文化融合。通过这些跨国的文化交流，非遗文化成为各国民众了解彼此文化的重要渠道，同时也成为增进文化自信与认同的重要途径。

通过非遗文化的国际展示，各国人民不仅能够了解对方的传统技艺和艺术表达，还能通过这种文化互动，认识到人类文化的多样性与共同性。这种通过文化交流建立的联系，有助于消除偏见和误解，推动国际社会和谐共处。

（二）非遗文化交流中的社会功能与经济效益

非遗文化交流不仅局限于文化领域，其在社会功能和经济效益方面的贡献也日益显现。在国家和民族之间的交往过程中，非遗文化的传播为当地社会提供了多方面的利益。非遗文化通过跨国交流，提升了民族的文化认同感和自豪感。在这一过程中，文化的传播成为一种社会凝聚的力量，增强了社会的团结与和谐，减少了文化冲突，促进了民族间的理解与包容。

经济效益方面，非遗文化的传播为国家和地区创造了新的文化产业发展机会。许多传统的非遗项目，如手工艺、民间艺术、传统节庆等，借助国际文化交流平台，发展成为具有市场价值的文化产业。通过非遗文化的展示和推广，很多地方不仅吸引了大量的国际游客，还推动了地方经济的发展。旅游业与非遗文化相结合，发展出文化旅游，成为当地经济的重要支柱。非遗文化在国际市场上逐渐形成了文创产品的需求，传统手工艺品和文化符号通过国际市场得到了广泛传播和销售。

非遗文化的跨国交流还促进了文化产业的多元化发展，不仅带动了相关的手工艺品、文化产品的创意设计，还推动了文化活动的国际化。传统音乐、舞蹈和艺术形式可以通过与现代演艺产业的结合，发展成国际性的大型文化活动，进一步推动非遗项目的现代化转型，并形成稳定的文化市场。

（三）非遗在促进国际交流中的作用

非遗文化在人与人、国与国之间的交流中，扮演着增进理解与和平的重要角色。在全球化和信息化的背景下，各种文化不断碰撞交织，文化冲突和误解时有发生。非遗文化通过其深厚的历史背景和独特的文化内涵，在国际交流中起到了消除文化隔阂、增进相互理解的作用。它不仅帮助人们了解了不同的民族文化，还促进了不同文化之间的尊重与宽容。

非遗文化的传承与展示，能够让人们在欣赏他国传统艺术和技艺的过程中，逐渐理解并尊重对方的历史与文化。通过参与和体验非遗项目，不同文化背景的人们能够跨越语言与宗教的隔阂，建立情感联系。以中国的丝绸文化为例，这一非遗项目通过国际展览和文化交流，向世界展示了中国古代工艺的独特性，不仅让世界人民认识到中国的历史和文化，也增强了全球对中国传统文化的认知与尊重。

通过非遗的国际展示，各国能够更好地理解彼此的文化差异，并通过这种文化的共鸣和共享，消除误解，减少偏见，进而推动世界各国人民之间的友谊与合作。非遗文化不仅是文化传承的工具，还是促进国际理解与和谐的桥梁。

非遗在国家及民族之间的交往中，不仅是文化展示的工具，更是文化理解、沟通与合作的桥梁。通过非遗的展示与传播，各国人民能够更好地理解彼此的文化，消除误解，增进友谊，推动世界文化的多样性和共同繁荣。非遗的跨国文化交流，在加强文化认同、促进社会和谐、推动经济发展等方面，发挥着不可替代的作用。非遗文化的传播与交流将继续作为国家间文化对话的重要内容，帮助世界各国在多元文化的背景下，增强互信、加强合作，共同迈向和谐共生的未来。

第三节　文化浸润：非遗嵌入日常生活的美好家园

一、非遗智慧与现代审美观念的契合

非遗作为人类文明的重要组成部分，不仅承载了各民族历史的深厚积淀，也蕴藏着丰富的智慧与生活哲学。在现代社会，非遗文化面临着与现代审美观念的契合问题。随着社会不断发展，尤其是全球化和信息化进程的推进，现代审美观念逐渐发生了深刻变化，现代人对美的追求更加多元化、个性化。这种变化要求非遗文化在保持其传统价值的同时，也能够与现代社会的审美需求和文化表达相结合，从而实现其文化的现代转化和创新表达。

非遗智慧与现代审美观念的契合，意味着非遗不仅要传承传统文化的精髓，还要在表现形式、传播途径、审美语言等方面进行创新，使其在现代社会中焕发新的生命力。非遗文化不仅是文化历史的延续，更成为现代人生活中的美学享受，具备了时代价值。这种契合的实现，不仅是对传统文化的尊重和发扬，也是对现代审美和文化需求的回应。理解非遗智慧与现代审美观念的契合，是当代文化传承与发展的重要课题。

（一）非遗文化中的传统美学思想

非遗文化中蕴含着深厚的美学思想，它通过各种传统技艺、艺术表现形式和民间习俗，传达了独特的美学理念。这些理念通常根植于自然、生命和宇宙之间的和谐关系之中，表现出对自然之美的敬畏与崇尚。中华传统工艺中的“天人合一”思想，强调人与自然的和谐共生，这一理念不仅体现在艺术创作中，也贯穿了人们的生活方式和生产活动。通过这种思想，非遗文化的艺术形式与自然元素密切相关，展现了自然之美和人类智慧的完美融合。

非遗文化中的传统美学思想通常体现出简约、质朴和内敛的美感。许多传统技艺，如

中国的书法、剪纸、陶艺等，强调的是艺术的“含蓄美”，而非外在的浮华。简约的美学风格符合现代人追求精神价值与内心体验的需求，比如现代设计中的极简风格，虽然源自西方现代主义，但与中国传统文化中的“无为而治”和“少即多”有着内在的联系。这些传统美学思想与现代审美观念的契合，既使传统文化保持了活力，也为现代社会提供了精神和审美上的滋养。

传统的非遗艺术，尤其是在装饰艺术和工艺品制作方面，具有精细、复杂的技艺要求，这种艺术表现形式与现代人对工艺美学的重视相契合。在当代，手工艺品的独特性和精湛技艺受到越来越多现代消费者的青睐。这种需求的增长，恰恰体现了现代人对传统艺术美学价值的认同和追求。非遗文化中的传统美学思想，为现代审美观念的形成和发展提供了深厚的文化根基。结合实际，整理非遗文化中的传统美学思想如表 2-1 所示。

表 2-1　非遗文化中的传统美学思想

非遗项目	传统美学思想	实际体现
传统书法	强调简约与写意，追求笔墨的自由流动与意境的表达	书法艺术在现代艺术创作中依然占据重要位置，影响了现代视觉艺术
传统绘画	注重自然与人物的和谐，强调山水的表现与内在精神	传统绘画通过现代装饰艺术等形式融入生活，形成中国现代艺术的风格
中国古典音乐	追求音律的和谐美，强调音调、节奏与情感的共鸣	古典音乐元素在现代演奏和电影配乐中有所体现，具有文化延续性
京剧	通过戏曲表演的动作、唱腔、服饰等元素，展现忠诚、勇敢等传统美德	京剧元素的跨界传播，如现代舞台剧和影视作品中，传递传统美学
传统园林设计	强调人与自然的融合，追求静谧、雅致的生活境界	园林设计影响现代园艺与景观设计，强调自然景观与人的精神共鸣

（二）非遗文化中的艺术表现与现代审美的融合

非遗文化的艺术表现形式包含了各种艺术种类，如民间舞蹈、传统音乐、戏剧和手工艺等。这些艺术形式不仅在传统社会中具有重要的文化功能，在现代社会中也能够与当代的审美需求相结合，形成具有现代感和文化内涵的艺术作品。非遗艺术通过其独特的表现方式，在现代社会中得到了新的表达空间和展示平台。

传统的中国戏曲，经过现代舞台技术和艺术形式的创新改编，从传统的民间艺术走向了现代国际舞台，成为具有全球影响力的艺术形式。中国京剧、越剧等剧种，通过舞台设计、灯光效果以及现代化的编排方式，既保持了传统艺术的韵味，又增加了观众的沉浸感和体验感。非遗艺术的传统表现与现代审美的融合，使传统艺术重新焕发了生命力，成为现代人所能欣赏和理解的文化财富。

传统手工艺品的制作技艺也在现代社会得到了新的审美表达。传统的刺绣、陶瓷、编织等技艺，经过现代设计师的创意加工，已不再仅仅是对传统文化的象征，而是成为时尚产业中的热门元素。通过现代设计语言和创新理念，传统手工艺不仅适应了现代人的审美需求，还与现代生活方式相融合，成为现代家居、服饰和生活用品中的重要组成部分。这种艺术形式的转变，体现了非遗文化在现代社会中的创新性转化和审美上的契合。

非遗艺术与现代审美观念的融合还体现在新的传播方式上。随着互联网技术的发展，非遗文化通过社交媒体、视频平台等新型传播途径走向世界，吸引了大量现代观众的关注。现代科技的运用，如 VR、AR 等，也为非遗艺术的展示提供了更加多样化的表现手段。利用 VR 技术，观众可以身临其境地感受到传统艺术表演的魅力，突破了空间的限制。这种创新的传播方式，既保留了非遗艺术的传统内涵，又使其更加贴近现代社会的传播需求。

（三）非遗文化与现代审美观念的互动影响

非遗智慧与现代审美观念的契合，不是单向的影响，更是双向的互动。在现代社会，随着全球化和信息化的推进，现代审美观念的多元化和个性化，使非遗文化不再仅是对传统文化的传承，它更与现代人的审美需求和生活方式紧密相关。非遗文化为现代审美观念提供了丰富的素材，而现代审美观念则推动了非遗文化的创新转化。

在当代社会，非遗文化作为一种具有深厚的历史和丰富的文化内涵的资源，其艺术表现形式和审美价值不断被现代人重新挖掘和诠释。现代审美的多元性和全球化趋势，使不同文化之间的审美交流日益频繁，非遗文化的独特美学成为全球文化交流的重要组成部分。通过互动，非遗文化不仅得到了更加广泛的传播，也使其在现代社会中找到新的生存空间和表现方式。

另外，非遗文化对现代审美观念的影响，表现为传统美学思想对当代设计理念和艺术创作的启发。现代设计越来越注重回归自然和简约，而非遗文化中的“少即多”理念、自然元素的运用等，正契合了这一趋势。传统的非遗艺术形式，特别是在工艺、建筑和服饰等方面，提供了许多关于自然、和谐与简约的设计思路。这种思维方式的传递，不仅促进了非遗文化的创新，也推动了现代审美观念的拓展和发展。

非遗智慧与现代审美观念的契合，是传统文化在现代社会中的创新转化和再创造。非遗文化中的传统美学思想和艺术表现形式，在现代审美需求的推动下，得到了重新定义和诠释。这种契合不仅让非遗文化焕发了新的生命力，也为现代审美观念的形成提供了深厚的文化基础。通过这种互动，非遗文化不仅保留了其历史和文化价值，还在现代社会中找到了新的表现形式和传播途径，促进了文化的多元发展和全球文化的交流与融合。

二、非遗智慧在当代艺术创作中的应用

非遗是文化传承的宝贵载体，它蕴含着深厚的历史智慧和独特的艺术表现形式。在当代艺术创作中，非遗文化的应用与融合已经成为一种重要的艺术创新路径。随着全球化和现代化的推进，传统文化在现代艺术领域中所扮演的角色愈加重要。非遗智慧不仅为当代艺术创作提供了丰富的素材和灵感，还通过其独特的表现方式为现代艺术增添了多元化的维度。

当代艺术创作的多样化和跨界合作，使非遗文化的应用范围不断扩大。从绘画、雕塑到数字艺术、表演艺术，非遗的表现形式和传统技艺都在当代艺术中得到了广泛的应用。这些艺术创作不仅展现了传统技艺的创新转化，也体现了艺术家对历史与文化的深刻理解和尊重。在这一过程中，非遗智慧为当代艺术带来了新的表现力，使传统与现代、经典与创新之间形成了有机的互动。通过这种互动，非遗智慧不仅推动了艺术创作的革新，也为现代社会提供了重要的文化认同和情感寄托。

（一）非遗元素在现代视觉艺术中的表现

在现代视觉艺术创作中，非遗元素的应用逐渐成为艺术创新的重要来源。许多当代艺术家将传统的非遗艺术形式融入自己的创作中，以此来表达对传统文化的尊重与继承。在绘画、雕塑、装置艺术等领域，非遗的图案、符号、色彩和形式等元素被广泛使用，成为当代艺术创作的核心内容之一。

在中国当代艺术中，非遗的传统纹样、山水画的技法、书法的艺术表现等都在艺术家的创作中得到了广泛的应用。传统的民间艺术和工艺，如剪纸、刺绣、陶瓷艺术等，也为现代艺术创作提供了大量的灵感。在当代的装置艺术和雕塑创作中，许多艺术家将传统工艺与现代材料和技术相结合，创造出了充满创意和创新的作品。这种艺术形式的结合，不仅保留了非遗文化的独特性，也使它们在现代社会中焕发了新的活力。

通过对非遗元素的运用，艺术家不仅在视觉效果上取得了创新，更在文化表达和社会意义上产生了深远的影响。非遗的艺术表现形式和象征意义，成为现代艺术与社会现实之

间沟通的桥梁，推动了当代艺术在传统文化与现代审美之间的深度融合。结合实际，整理非遗元素在现代视觉艺术中的表现如表 2-2 所示。

表 2-2 非遗元素在现代视觉艺术中的表现

非遗元素	现代视觉艺术表现形式
传统织锦	通过现代时尚设计、家居产品等融合传统织锦元素，形成独特的艺术风格
京剧服饰	京剧服饰的色彩与图案在现代服装设计中得到运用，成为时尚元素
民间剪纸	民间剪纸元素与现代平面设计和艺术装置结合，形成新的视觉艺术语言
传统陶瓷	传统陶瓷的工艺与现代艺术创作结合，制作艺术雕塑和装饰品
传统书法	传统书法在现代视觉艺术中表现为字形的创意转化和壁画、海报等艺术形式的应用

（二）非遗在表演艺术创作中的创新与融合

非遗文化在表演艺术中的应用同样广泛，传统的戏剧、舞蹈、音乐等表演艺术形式通过创新和融合，为现代观众提供了新颖的文化体验。在当代表演艺术创作中，许多艺术家通过将非遗文化元素与现代表演形式相结合，创作出了充满时代感的作品。这些作品不仅展示了传统表演艺术的魅力，还通过现代化的演绎方式，使其能够与现代审美和观众的需求相契合。

许多现代舞蹈作品融合了传统的民族舞蹈元素，通过现代化的编排和舞台表现手法，展现出非遗舞蹈的独特魅力。传统戏曲的表演，也在许多现代戏剧的创作中得到了重新诠释。一些艺术家通过现代化的剧场设计、舞台科技和视觉效果，使传统戏曲焕发出新的生机。这种融合创新的表演方式，不仅保留了传统戏曲的精髓，还通过跨文化的方式，使其成为国际舞台上的亮点。

传统音乐也在现代表演艺术中得到了创新性应用，现代音乐家和艺术家通过将非遗音乐元素融入电子音乐、流行音乐等现代音乐形式中，创造出了独特的艺术风格。跨界融合的创作方式，不仅拓展了非遗音乐的表现形式，还使其得以在全球化的音乐文化中占据一席之地。

（三）非遗工艺在现代设计中的转化与创新

除了在传统艺术创作中的应用，非遗智慧在现代设计领域中的应用也取得了显著成果。传统的手工艺、民间工艺和传统工艺品，凭借其独特的美学价值和历史底蕴，成为现代设计创作灵感的重要资源。通过创新设计和材料的运用，传统工艺品得以在现代生活中焕发出新的生机，并成为当代艺术和文化的一部分。

非遗中的传统织锦、刺绣技艺在现代时尚设计中得到了广泛应用。许多设计师将传统的刺绣图案与现代服装设计相结合，创造出具有民族特色的现代时装。这些设计作品不仅传承了传统技艺，还融入了现代审美，使非遗工艺品成为现代文化的重要组成部分。在现代家居设计中，传统的陶瓷、木雕和玻璃工艺等元素也被广泛应用于家具和装饰品的设计中，成为现代家居的独特装饰。

非遗工艺在现代设计中的应用，不仅提升了设计作品的文化价值和艺术性，还推动了传统技艺的现代化转型。通过设计师的创新和再创作，传统工艺得以走出博物馆和历史遗迹，成为日常生活的一部分。这种非遗工艺在现代设计中的转化，不仅让传统文化焕发了新的生命力，也为现代社会提供了充满历史感和文化深度的设计作品。

非遗智慧在当代艺术创作中的应用，不仅使传统文化焕发出新的生机，还为现代社会的艺术创作注入了丰富的灵感与素材。通过在视觉艺术、表演艺术和设计领域的创新应用，非遗文化得以在现代审美和社会需求中找到了新的表达方式。非遗不仅是传统的延续，它通过创新转化和现代化的演绎，在当代艺术创作中发挥了重要作用，推动了传统与现代之间的深度融合。非遗智慧在当代艺术中的应用，为艺术创作提供了新的视角，也为文化传承提供了强有力的支撑。在这个过程中，非遗文化不仅丰富了现代艺术的表现形式，还增强了现代人对传统文化的认同与尊重，推动了文化的多样性和社会的和谐发展。

三、非遗智慧推动文化多样性的保护

非遗是各民族和文化群体的独特智慧和历史积淀，它不仅体现了其独特的生活方式、信仰和艺术表现形式，也反映了人类在与自然环境及社会交往中的互动方式。随着全球化进程的推进，文化多样性正面临前所未有的威胁。传统文化在现代化浪潮中逐渐失去了其原有的生命力，许多文化传统和习俗被现代生活方式和价值观所取代。非遗文化的保护和传承显得尤为重要，它不仅关乎民族文化的延续，更有助于全球文化多样性的保护。

非遗智慧不仅是对历史的传承，还是推动当代文化多样性保护的重要力量。非遗文化通过其独特的价值，促进了对不同文化的理解与尊重，推动了全球范围内的文化认同与包容。通过对非遗智慧的探索和应用，能够更好地保护各民族的文化多样性，让这些文化在全球化背景下获得可持续发展的空间。非遗文化的保护不仅是单纯的文化行为，更是促进社会和谐、增进全球文化理解的重要途径。

（一）非遗文化在多样性保护中的核心作用

非遗文化作为文化多样性的核心组成部分，承担着保护和传承多元文化价值的重要使命。在全球化的进程中，现代社会的主流文化往往占据了较为显著的位置，而传统文化则面临着被边缘化的风险。非遗智慧通过其深厚的文化内涵和历史积淀，不仅是对传统文化的保护，更是对文化多样性的坚守。各民族通过非遗文化表达自身独特的历史和身份认同，对非遗的文化认同和传承有助于维护文化多样性，并促进全球文化的和谐与共存。

非遗文化的传承不仅体现在技艺和艺术的延续上，还体现在民族群体的社会功能和精神价值的传递上。许多非遗项目，如传统节庆、民间艺术、地方语言等，都是民族文化认同和凝聚力的体现。通过非遗的传承，不仅能够保护文化多样性，还能够保持社会的文化自信和稳定。中国的传统节庆、非洲的口头文学、东南亚的手工艺等，都通过非遗的保护和传承，展示了各自民族独特的文化魅力。

非遗文化的保护与传承为各国文化间的交流与理解提供了基础。非遗作为文化沟通的桥梁，不仅促进了民族文化的延续，也促进了不同文化之间的对话与合作。通过非遗文化的展示和交流，不同国家和民族能够增强对文化多样性的认识，尊重彼此的文化传统，推动全球文化共同体的建设。

（二）非遗文化与全球文化多样性保护的互动

非遗文化的保护是全球文化多样性保护的一个重要环节，随着全球化的推进，文化同质化趋势愈加显著，许多地方性和民族性的文化在现代化进程中面临消失的风险。非遗文化的保护与发展，既是对历史文化的尊重，也是对保持全球文化多样性的重要贡献。通过非遗文化的保护，不仅能够有效遏制文化的单一化，还能够提升全球对文化多样性的关注与尊重。

在全球文化多样性保护中，非遗文化的本土化保护尤为重要。各民族和地区的非遗项目，都是其文化多样性的具体体现。通过对非遗的保护，可以防止本土文化在全球化冲击下的消失。非遗的保护不仅是对物质文化遗产的保留，它还包括对语言、习俗、信仰等非物质文化层面的保护。本土化的保护策略有助于维护文化的多样性和多层次性，保障各文化群体的平等与尊严。

非遗文化的全球传播也促进了世界文化的多元化与互动。通过非遗的国际化交流和展示，不同国家和民族能够在尊重彼此文化的基础上，进行更深层次的文化对话。这种对话不仅增加了对传统文化的理解，还帮助各国在文化共享的基础上，推动全球文化共同体的形成。通过文化节庆、非遗项目展览、国际合作等多种形式，非遗文化在全球范围内得到了更广泛的传播和认同，推动了全球文化多样性和文化和谐共生的进程。

（三）非遗文化的现代转化与创新实践

非遗文化的保护不仅依赖传统的保存方式，更需要在现代化进程中找到适合的转化路径。随着社会和科技的不断进步，非遗文化的传承和保护面临着多样化的挑战。非遗文化的现代转化成为保护文化多样性的一个重要课题，通过创新的手段和方式，非遗文化能够融入现代生活中，并在新环境下发挥其独特的文化价值。

非遗文化的现代转化包括将传统艺术、技艺和习俗进行再创造，使其与现代审美和社会需求相结合。传统的手工艺品经过现代设计师的创意改造，虽然在形式上更加符合现代消费需求，但是在内容和文化内涵上仍然保持了传统工艺的精髓。这种转化使非遗文化在现代社会中焕发了新的生命力。

现代科技的应用为非遗文化的保护和传播提供了强有力的支持，数字化技术、VR、AR 等科技手段，为非遗文化的展示和传播提供了全新的平台和方式。通过数字化保存和虚拟化展示，非遗文化不仅能够跨越地域和时间的限制，吸引更多的观众，还能够有效地保护和传承传统技艺和艺术形式。通过网络平台的传播，传统的民间艺术和手工艺能够迅速覆盖全球观众，扩大其影响力和传播范围。这种现代转化的方式，促进了非遗文化的保护与创新，也为全球文化多样性的保护提供了新的途径。

非遗智慧在推动文化多样性保护中发挥着至关重要的作用，它不仅是各民族文化认同和自豪感的体现，也是全球文化多样性保护的重要力量。非遗文化通过其独特的艺术形式、技艺和社会功能，促进了不同民族和国家之间的文化对话与理解。非遗文化的保护不仅帮助我们守护文化的多样性，还促进了全球文化共同体的构建。在现代社会，非遗文化的创新转化和现代化传播，成为保护文化多样性、推动全球文化交流与融合的有效手段。通过这种创新和转化，非遗文化不仅得到了有效的保护和传承，还为现代社会提供了更加丰富的文化资源，推动了文化的多元发展。

第四节　结构协同：非遗嵌入生产生活的共富家园

一、非遗元素在日常用品设计中的应用

非遗不仅是各民族历史与智慧的结晶，它还蕴含着丰富的艺术、技艺与社会价值。随着现代社会的发展，非遗文化逐渐从传统的保存与传承走向创新和实践。特别是在日常用品设计中，非遗元素的应用为现代生活注入了传统文化的深厚底蕴。通过将非遗元素融入日常用品的设计中，设计师不仅能够赋予这些物品更多的文化内涵，还能够提升其艺术价值和使用功能。

在现代生活中，随着人们对文化认同与个性化需求的增强，传统的非遗元素逐渐被重新定义和利用。将非遗元素巧妙地融入日常用品设计中，不仅是对传统文化的继承，更是对现代审美与使用功能需求的回应。通过这种结合，非遗元素不仅提升了物品的艺术性和历史感，还增强了物品的文化象征意义。这种创新性转化与设计应用，不仅为日常用品增添了文化价值，也为现代设计提供了丰富的灵感和素材。

（一）非遗元素的文化内涵与设计启发

非遗元素的文化内涵丰富多样，它们承载了各民族和地区的历史记忆、生活智慧以及社会习俗。传统元素通过代代相传，形成了独特的艺术语言和文化符号，在日常用品设计中，能够为产品注入深度的文化。无论是传统的图案设计，还是手工技艺的运用，非遗元素在日常用品中都得到了新的诠释和应用。

中国传统的青花瓷图案，作为非遗元素之一，已经不仅限于陶瓷制品的装饰，它通过现代设计师的创新和转化，进入家居用品、服饰甚至电子产品的外观设计中。这些图案不仅在视觉上为产品增添了独特的艺术魅力，同时也为消费者带来了浓厚的文化体验。通过这种方式，设计师将传统图案与现代设计理念相结合，不仅保留了非遗元素的文化价值，也满足了现代人对美学和个性化的需求。

传统的手工技艺，如织锦、刺绣等，也在现代日常用品设计中得到了广泛应用。通过将这些技艺与现代材质和设计理念相结合，设计师能够创造出既具有传统艺术感，又符合现代审美的产品。现代家居用品中的枕套、桌布和窗帘等，通过结合传统刺绣技艺，可以

呈现出精致的细节和丰富的文化内涵，赋予了这些日常用品新的生命力。

（二）非遗元素在家居用品中的应用

非遗元素在家居用品中的应用，不仅让日常生活更加富有文化氛围，还使每一件家居用品都具有独特的艺术性。家居设计作为现代生活的重要组成部分，非遗文化的融入使家居环境不仅具备实用性，还充满了艺术的气息。

传统的竹编技艺在现代家居用品设计中的应用，成为一种经典的非遗元素。竹编不仅具备自然的美学特征，而且在设计中能够带来独特的质感与实用功能。设计师将传统的竹编技艺与现代的家具设计理念结合，创造出具有民族特色的现代家具，如竹制的书架、灯具和储物篮等，这些产品不仅具有实用价值，还能够在视觉上带给人温暖、自然的感受。竹编制品的轻盈、耐用和环保特性，使其成为现代家居中非常受欢迎的家居用品。

非遗中的传统陶瓷工艺也被广泛应用于现代家居用品的设计中。陶瓷作为一种传统的非遗工艺，在日常生活中得到了广泛的应用。从餐具到装饰品，从花瓶到浴室用品，陶瓷不仅具备良好的实用功能，还能通过其独特的造型和釉色为家居空间增添艺术气息。设计师通过对陶瓷工艺的创新，使其更加符合现代审美和使用需求。现代陶瓷餐具不仅注重外观设计，还强调材质的环保和实用性，在保留传统工艺精髓的同时，更加适应现代消费者的需求。

（三）非遗元素在时尚与生活用品中的应用

非遗元素不仅在家居用品中得到了广泛应用，在时尚和生活用品中的运用也为这些领域带来了新的创意和文化价值。在服装、配饰以及日用消费品的设计中，传统的非遗元素逐渐成为设计师创作的重要灵感来源。通过将这些传统元素与现代设计理念相结合，传统的非遗文化得到了焕然一新的表达和展示。

传统的刺绣技艺被广泛应用于现代时尚设计中，尤其是在服装和配饰的设计中，刺绣作为非遗元素不仅体现了精致的手工艺术，也赋予了服装更多的文化内涵。在现代时尚界，许多设计师通过将传统刺绣技艺与现代服饰相结合，创造出了独具民族特色的时尚单品。刺绣图案不仅为服饰增添了独特的美感，也使穿着者能够通过服饰表达出对传统文化的尊重和认同。

非遗元素也在现代生活用品的设计中得到了创新应用，传统的银饰、木雕和竹编等技艺被融入现代首饰、家居装饰、文具等产品的设计中，形成了一种将传统工艺与现代生活相结合的独特风格。这些产品在满足日常需求的同时，也成为现代人表达文化认同和个性化品位的重要方式。非遗元素的运用，使日常生活用品不仅具有实用功能，还充满了艺术气息和文化底蕴。

非遗元素在日常用品设计中的应用，体现了传统文化与现代生活方式的深度融合。通过将非遗元素融入家居用品、时尚设计和生活消费品中，设计师不仅为产品赋予了更丰富的文化内涵，也使这些产品在满足现代生活需求的同时，充满了艺术的魅力和历史的厚重感。这种融合不仅为非遗文化的传承提供了新的表现形式，也使现代人能够在日常生活中更加贴近传统文化，并享受其带来的美学体验。非遗元素在日常用品中的创新应用，既是对传统文化的尊重，也是对现代审美需求的回应，推动了文化的多样性和艺术的创新发展。

二、非遗技艺在生活环境营造中的体现

随着现代化与城市化进程的加快，生活环境的质量和精神文化的需求逐渐成为人们关注的重要议题。传统的非遗，尤其是其中蕴含的技艺和艺术形式，作为文化传承的重要载体，在现代生活中同样扮演着至关重要的角色。非遗技艺不仅关乎传统工艺的保留，它在现代生活环境的营造中，尤其在家居设计、公共空间塑造和社区文化建设中，仍然发挥着独特的作用。

通过非遗技艺的应用，现代生活环境不仅能够展现出浓厚的文化底蕴，还能够赋予空间更深层次的精神意义。非遗技艺与现代设计理念的结合，既能保持传统文化的魅力，又能满足现代人对美好生活的需求。在这个过程中，非遗技艺为生活环境提供了丰富的艺术表现形式，也为人们提供了更加具有文化认同感和归属感的生活空间。通过这种跨越历史与现代的融合，非遗技艺不仅对文化传承作出了贡献，也为现代生活创造了具有艺术性和文化深度的环境。

（一）非遗技艺在家居设计中的应用

家居设计是现代生活环境的核心部分之一，而非遗技艺的引入为家居空间增添了独特的文化气息和艺术表现。在家居设计中，通过对非遗技艺材料、造型、工艺等方面的创新，使家居空间不仅具备实用功能，还充满了艺术的美感和文化的厚度。传统的手工艺品，如木雕、陶瓷、刺绣、织锦等，通过现代设计的加工和再创造，成为现代家居设计的重要组成部分。

传统的木雕技艺，作为中国非遗中的重要项目之一，在现代家居设计中得到了广泛的应用。设计师通过将传统的木雕图案与现代家具设计相结合，创造出了既富有民族特色又具现代感的家具，如木雕桌椅、屏风、壁挂等。这些家具不仅体现了传统工艺的精湛技艺，还赋予了现代家居更多的文化和艺术价值。木雕的细腻与精美，成为家居空间的一种文化符号，既增添了空间的美学层次，又提升了居住者的生活品质。

陶瓷作为另一种广泛应用的非遗技艺，在家居设计中也占有一席之地。通过将传统的陶瓷工艺与现代家居需求相结合，设计师创造出了许多具有现代感的陶瓷摆件、餐具和装饰品。传统的青花瓷图案通过现代工艺的创新应用，不仅得到了现代家居的广泛运用，还为其增添了独特的艺术魅力。这种艺术表现形式的融合，使传统文化在现代家居中得以延续和发展。结合实际应用情况，整理非遗技艺在家居设计中的应用如表 2-4 所示。

表 2-4　非遗技艺在家居设计中的应用

非遗技艺	应用领域
传统木工	传统木工技艺用于家居家具设计，注重木材的自然纹理和手工雕刻，提升家具艺术性
景泰蓝	景泰蓝工艺运用于家居装饰品和墙面装饰中，展现精美的工艺细节和色彩层次
丝绸织造	丝绸织造技艺应用于现代家纺产品，如床上用品、窗帘、沙发等，提升家居质感
陶瓷制作	陶瓷制作技艺被应用于现代家居饰品、餐具和装饰艺术品，彰显文化与实用性
刺绣	刺绣技艺用于家居软装设计，装饰枕套、窗帘等，提升家居的细节和精致感

（二）非遗技艺在公共空间塑造中的体现

公共空间作为人们日常活动和社会互动的重要场所，其设计不仅要满足功能需求，还要关注空间的文化表达和精神体验。非遗技艺通过其独特的艺术魅力和历史内涵，成为公共空间设计中的重要元素。无论是城市公共艺术作品的创作，还是公共建筑的装饰和景观设计，非遗技艺都为现代公共空间注入了深厚的文化气息和独特的美学价值。

在许多城市的广场、博物馆、文化中心等公共建筑的设计中，传统的建筑装饰技艺，如木雕、石雕、砖雕等，都常常被作为重要的艺术元素而加以运用。通过这些装饰，公共空间不仅展示了传统工艺的美学价值，还加强了空间的文化表达。传统的木雕和石雕工艺若被运用到公园的雕塑、墙面装饰和座椅等设计中，那么使公共空间不仅具备了艺术感，还传递了丰富的文化信息。传统与现代结合的设计方式，不仅提升了公共空间的艺术性，还加深了市民对本土文化的认同感和自豪感。

非遗技艺还广泛应用于公共艺术作品中，许多城市通过雕塑、壁画和装置艺术等形式，将传统技艺与现代艺术表现手法相结合，创造出具有文化象征意义的公共艺术作品。

这些作品不仅美化了城市环境，也成为人们了解和接触传统文化的重要途径。通过非遗技艺的运用，公共空间不再只是功能性的场所，它们还成为展示文化、传递情感和增强社区凝聚力的重要平台。

（三）非遗技艺在社区文化建设中的传承

在社区文化建设中，非遗技艺同样具有重要的作用。社区是人们日常生活的基本单位，也是文化传承和发展的重要载体。通过非遗技艺的引入，社区文化将更加生动和丰富，成为居民文化认同和社会和谐的基础。

在许多社区中，非遗技艺通过手工艺制作、传统节庆、民俗活动等形式，成为居民生活的一部分。许多地方通过组织传统手工艺课程和工作坊，鼓励居民学习和传承本土的非遗技艺。通过这种形式，非遗不仅得以传承，还成为社区居民生活中的一种文化实践。这些活动不仅让居民接触和了解了本土文化，还增进了居民之间的互动和联系，促进了社区的文化认同感。

非遗技艺还通过节庆活动、民俗表演等方式，增强了社区文化的活力和凝聚力。在一些地方，社区利用传统节庆和民间艺术表演，如舞龙舞狮、皮影戏等，增强了居民的文化归属感和集体记忆。这种文化活动不仅提升了社区的文化品位，也使居民在共享传统文化的过程中，增强了彼此的情感联系。

非遗技艺在生活环境中的应用，不仅丰富了现代生活的文化内涵，也使传统工艺得到了创新性传承。无论是在家居设计、公共空间塑造，还是在社区文化建设中，非遗技艺的应用都为现代生活环境增添了深厚的文化底蕴和艺术价值。通过非遗技艺的融合，生活空间不再仅仅是物理空间，它们成为文化的载体和精神的家园。在现代设计中将非遗技艺与现代需求相结合，不仅是对传统文化的传承，也是对当代生活方式的回应。非遗技艺的传承和创新应用，促进了文化的多样性，为现代社会提供了更加丰富和多元的文化体验。

四、非遗文化在生活习惯构建中的融合

在全球化进程的推动下，现代社会的生活习惯不断发生变化，许多传统文化元素逐渐被边缘化。非遗作为民族文化的重要组成部分，承载着历史、社会和艺术的多重意义。它不仅是各民族文化的记忆和象征，也是塑造人们日常生活习惯和生活方式的重要因素。随着现代社会对文化认同与精神价值的日益重视，非遗文化在生活习惯中的融合和应用显得尤为重要。

非遗文化通过其独特的生活方式、社会实践和哲学思想，能够为现代人提供更加丰富、深刻的生活体验。传统的生活习惯，如饮食文化、节庆习俗、传统医疗和养生方法等，都与非遗文化息息相关。当这些传统习惯与现代生活方式结合时，不仅能够提高生活质量，还能帮助现代人更好地理解和融入传统文化。非遗文化的融入和创新性转化，对于构建现代生活习惯、增强文化认同、促进社会和谐具有深远的影响。

（一）非遗文化在饮食文化中的应用与融入

饮食文化是非遗文化的重要组成部分，也是人们日常生活习惯中最具象征性的方面之一。在许多民族文化中，饮食不仅是生活的基本需求，它还承载着深厚的历史文化和社会意义。通过将非遗饮食文化融入现代生活，人们不仅能够享受到传统美食，还能够通过饮食了解和传承各地的文化。

我国传统饮食文化，尤其是中式饮食中的五味调和、食疗养生等理念，早已成为全球文化交流中的重要内容。非遗中的传统烹饪技艺，如中式点心制作、传统腌制技艺、火锅文化等，都在现代社会中得到了广泛应用。在当今的饮食行业中，许多餐厅和食品品牌通过运用传统的烹饪技艺和配方，既满足了消费者的口腹之欲，又将非遗文化巧妙地融入现代餐饮服务中。例如，在餐饮店中推出的采用传统工艺制作的包子、饺子等，不仅在口感和外形上延续了传统，还通过创新的包装设计和市场推广，迎合了现代消费者对传统饮食的兴趣和认同。

随着现代养生和营养学的崛起，非遗饮食文化中的食疗和养生理念得到了新的关注。传统的食材搭配、草药应用、季节性饮食等，不仅能帮助人们维持身体的健康，还能够通过合理的饮食方式调节身心。传统的中医食疗理念通过选择和调整食材的烹饪方法，能帮助人们保持健康的生活方式。这些饮食习惯的现代应用，不仅是对传统文化的传承，也是对现代健康理念的有益补充。

（二）非遗文化在节庆习俗中的融合与传承

节庆习俗是非遗文化的重要组成部分，是每个民族文化的根基和重要的表现形式。传统节庆不仅是文化认同的体现，也是家庭和社区互动的载体。在现代社会，随着节庆形式的不断演变和融合，非遗文化中的节庆习俗逐渐成为现代生活习惯的重要组成部分。传统节庆不仅有助于人们纪念历史和回顾文化，还能增进人与人之间的情感联系，形成独特的社会文化氛围。

我国的春节、端午节、中秋节等传统节日，经过现代社会的融合与发展，逐渐成为全球范围内华人社区的重要文化活动。在现代的节庆活动中，传统的食物、服饰、音乐和舞蹈等元素，与现代的生活方式和文化需求相结合，形成了丰富多彩的节庆活动。通过这些节庆活动，现代人不仅能感受到传统文化的魅力，也能够通过家庭团聚、社区互动等方式增强文化认同感和归属感。节庆习俗的传承与创新，也使这些节日成为连接过去和未来的桥梁，促进了社会的和谐与文化的延续。

除了我国传统节庆，其他国家和地区的节庆习俗也在现代生活中找到了新的生命力。印度的排灯节、墨西哥的亡灵节、巴西的狂欢节等，都成为全球文化交流和融合的独特表现。这些节庆活动不仅是民族文化的展示，也为全球化社会的文化多样性注入了活力。通过这些节庆习俗的现代化表达，非遗文化得以更加广泛地传播和认同。

（三）非遗文化在健康管理和养生中的作用

在非遗文化中，健康管理和养生方法作为一项重要的社会实践，涉及人类生活的方方面面。从传统的中医养生到民族地区的自然疗法，非遗智慧为现代生活提供了丰富的养生理念和实践方法。在现代社会，随着人们健康意识的提升，非遗中的养生文化逐渐成为现代生活习惯的重要组成部分，能帮助人们更好地调节身心、保持健康。

中医养生理论中的“治未病”理念，即以预防为主的健康管理思想，已经逐渐成为现代医学和健康管理的核心理念之一。非遗中的传统养生方法，如中药食疗、气功、太极等，已经被现代健康产业广泛吸收和运用。现代健身行业中的太极拳、气功等运动形式，已经成为全球健康和养生文化的重要组成部分。通过这些传统养生方法，现代人不仅能够提高身体的健康程度，还能改善心理健康，缓解生活压力。

非遗中的心理调节方法，如冥想、静坐等，也为现代人提供了有效的情绪管理和压力释放手段。随着社会节奏的加快，人们面临的心理压力和情感困扰日益增加。非遗中的传统心理调节方法，可以帮助人们调整心态、放松身心，已被许多心理健康工作者和养生专家推荐给现代人。通过结合传统文化的养生智慧，现代人能够在快节奏的生活中保持内心的平和与安宁。

非遗文化在现代生活习惯构建中的融合，不仅为传统文化的传承提供了创新路径，也为现代人创造了更加健康、充实和有意义的生活方式。将非遗文化融入饮食文化、节庆习俗、健康管理等方面，现代社会能够更好地继承和发扬传统文化，为当代人提供丰富的精神和文化体验。这种融合提高了生活质量，增强了社会的文化认同感和凝聚力。非遗文化的智慧，作为现代生活习惯的有机组成部分，不仅有助于构建更加和谐的社会，也推动了文化多样性的保护与发展。

第三章　非遗“嵌入”现代生活的智慧传承

第一节　非遗智慧嵌入现代社会的启示意义

一、非遗智慧在现代社会中的价值体现

非遗不仅承载着民族历史、智慧和文化，也在现代社会中展现着不可忽视的价值。随着全球化的加速，传统文化面临着消失和同质化的风险，非遗智慧却在现代社会中找到了新的生命力和实际意义。它不仅是文化传承的载体，还在促进社会和谐、推动创新、增强文化认同感等方面发挥着重要作用。在今天的社会中，非遗智慧所蕴含的生活哲学、艺术形式、社会实践等，已经成为现代社会不可忽视的宝贵资源。

在现代生活中，非遗智慧不仅是传统文化的复苏，它还在推动经济增长、提高生活质量、增强社会凝聚力等方面具有巨大的现实意义。许多非遗项目通过与现代生活的有机融合，为社会注入了新的活力。在家庭生活、公共文化、教育、艺术创作中，非遗智慧都能提供有益的启示和支持。非遗智慧在现代社会中的价值，不仅体现在文化的传承上，更体现在通过其创新性应用，推动了社会多方面的可持续发展。

（一）非遗智慧在文化认同中的作用

非遗智慧为现代社会提供了深刻的文化认同感，尤其是在全球化背景下，文化的多样性和独特性成为增强民族自信心的核心要素。非遗不仅是各民族文化的重要载体，它所蕴含的历史记忆和文化符号，是民族身份认同的基础。非遗的传承和发展，使人们在全球化的浪潮中依然能够保持与自身文化的紧密联系，从而促进文化自信和社会凝聚力的增强。

在现代社会中，文化认同的强化不仅体现在传统节日的庆祝、传统技艺的学习和传授上，还体现在日常生活的方方面面。传统的手工艺、民间艺术、语言和宗教习俗等非遗文化，通过现代化的手段得到新的诠释，得以在现代社会中继续传承。通过非遗文化的传承，现代人能够更加清晰地认识到自己的文化根脉，同时也促进了不同文化之间的理解与尊重。

非遗文化的认同作用在全球化和现代化过程中尤为重要，全球化带来了文化的碰撞和融合，同时也让许多传统文化面临着被边缘化的危险。非遗智慧则通过提高文化认同和历史连贯性，帮助个体和群体在多元文化中找到了属于自己的文化立足点。无论是通过非遗的艺术形式、语言表达，还是传统的社会礼仪与节庆活动，非遗智慧都在帮助现代社会建设文化多样性和全球文化共同体。

（二）非遗智慧对现代创新的推动作用

非遗不仅是传统文化的表现，它所蕴含的智慧也为现代社会的创新提供了重要的动力和启发。在现代社会中，创新不仅依赖科技和工程学的发展，更多的文化创新也同样来源于传统文化的转化和启发。非遗智慧通过提供传统技艺、生活方式、艺术表现等多维度的丰富知识储备，能够在各个领域中激发创新的灵感，推动社会的多元创新。

以传统手工艺为例，许多现代设计师通过借鉴非遗技艺，在产品设计中实现了传统与现代的完美融合。在现代家具设计、服饰设计、建筑装饰等领域，借助传统的编织、刺绣、陶艺、木雕等技艺，创造出了很多富有现代感又具文化内涵的作品。

非遗智慧在现代教育、艺术创作、医疗养生等多个领域的融合应用，推动了这些行业的创新发展。传统中医药、气功、食疗等非遗领域的知识，逐渐融入现代医学、养生保健以及营养学等领域，成为现代社会健康产业的重要组成部分。在教育领域，许多学校通过课程设置和活动，传授传统艺术与工艺，培养学生的创新能力和文化素养。通过将非遗文化纳入现代社会的各个领域，传统智慧得到了新的表现形式，同时也推动了社会的多维创新和文化的复兴。

（三）非遗智慧在社会和谐与可持续发展中的价值

非遗文化不仅在个体认同和创新方面发挥着作用，它在促进社会和谐与可持续发展方面也具有重要的价值。非遗所蕴含的许多社会习俗和道德观念，如集体主义、尊老爱幼、尊重自然等，都能为现代社会提供重要的社会价值。这些传统文化在今天的社会中依然能够起到积极作用，帮助现代社会建立更加和谐、包容和有序的社会环境。

在社会和谐方面，非遗为现代社会提供了情感联系和社会纽带。无论是在家庭关系、社区互动，还是在民族关系中，非遗文化所倡导的团结、尊重与和谐的思想，成为促进社会稳定和团结的重要力量。传统节庆活动不仅是文化传承的方式，也是社会群体凝聚力的体现。通过共同参与节庆活动，居民能够增强彼此间的联系，促进不同文化群体的融合与理解。

在可持续发展方面，非遗智慧的传统生态智慧对现代社会的环境保护和资源利用具有积极的示范作用。许多非遗项目与自然环境密切相关，如传统的农业方式、手工艺制作和自然疗法等，都是在长期与自然和谐相处的过程中形成的智慧。这些传统做法强调人与自然的和谐共生，对现代社会的可持续发展具有重要的借鉴意义。非遗中的农耕文化，强调节约资源、保护土壤和水源的可持续发展理念，为当代农业和环保提供了宝贵的经验和指导。

非遗智慧在现代社会中的价值体现，表现在它对文化认同的促进、现代创新的推动和社会和谐的贡献等多个方面。非遗智慧不仅是对传统文化的延续，它在现代社会中也发挥着重要的现实作用，通过与现代需求的融合，推动了社会的多元化发展。通过非遗智慧的传承与创新，现代社会能够保持文化的多样性和深度，同时也促进了经济、教育、创新、环境等多个领域的可持续发展。在全球化的今天，非遗智慧不仅是文化的守护者，它还为构建更加和谐、可持续的社会提供了智慧和力量。

二、非遗智慧与现代科技的融合路径

非遗作为人类文明的重要组成部分，承载了丰富的历史记忆、技艺智慧和社会价值。在现代科技迅猛发展的背景下，传统非遗文化面临着传承与传播的挑战。科技不仅是现代社会进步的象征，也是促进文化创新的重要工具。非遗文化如何利用现代科技进行保护、传播和发展，成为当代文化传承的重要课题。

非遗智慧与现代科技的融合，不仅为传统文化的存续提供了新机遇，也推动了其在社会生活中更广泛的应用。借助数字化、人工智能（Artificial Intelligence，AI）、VR、AR 等新兴技术，非遗文化能够以更加直观、生动的方式呈现，同时拓宽了受众群体，提升了社会认知度。通过科技赋能，非遗文化在当代社会找到了新的生存空间和发展方向，使其在保持文化本质的同时，与现代社会的需求相适应。非遗智慧与现代科技的结合路径，不仅关乎文化的延续，也关乎科技与人文如何相互促进、共同发展。

（一）非遗文化的数字化存储与传承

非遗文化的数字化存储，是现代科技赋能文化传承的关键路径之一。传统技艺、民间艺术、语言习俗等非遗项目往往依赖口述、当面传授或社区传承，而这些形式受到时间、地域和人力因素的限制，难以实现大规模保存和推广。现代数字化技术的应用，为非遗的存续提供了全新的可能。

数字化存储技术，如高清扫描、3D 建模、数据库创建等，使非遗技艺和艺术形式能够以更加精准、持久的方式被记录和存档。传统建筑技艺中的雕刻、彩绘，利用高精度 3D 扫描技术，可以完整记录下其细节，并以数字化模型的方式保存。这不仅有助于技艺的研究和修复，也能够为后人提供详细的学习资料。许多即将消失的方言、戏曲、民间故事等，也可以通过音频和视频技术被永久存档，使其不再受限于口述传播的局限。

非遗文化的数字化存储，还能够为文化教育和传播提供基础。许多博物馆和文化机构已经开始建立数字非遗数据库，用户可以在线查阅各类非遗项目的信息，从而扩大非遗知识的普及范围。通过建立开放式的非遗数据库，非遗文化能够被更广泛地传承和传播，不再局限于特定地域和人群。

（二）VR 与 AR 技术在非遗传播中的应用

VR 和 AR 技术的兴起，为非遗文化的展示和传播提供了全新的方式。这些技术能够打破物理空间的限制，使观众在沉浸式的体验中了解和感受非遗文化的魅力。

VR 技术能够为非遗文化提供高度还原的数字化体验，传统建筑、戏曲表演、手工技艺等，可以通过 VR 技术进行虚拟复原，让观众身临其境地感受非遗文化的独特美。在博物馆、文化展览或教育场景中，VR 技术被广泛应用于传统文化的展示，使观众可以 360 度观看古代建筑、传统工艺品或历史场景，甚至能够与虚拟角色进行互动，深入了解非遗技艺的核心。

AR 技术则为非遗文化的现代化传播提供了新的方式，在传统手工艺展览中，参观者可以使用 AR 设备或智能手机，通过扫描展品，获取关于其历史背景、制作工艺、文化意义等详细信息。某些应用程序甚至可以提供 AR 试穿、试戴功能，用户可以通过手机相机体验传统民族服饰、头饰等，让非遗文化更加贴近日常生活。通过 AR 技术，非遗文化能够与现代人进行互动交流，从而增强其社会影响力和市场接受度。

（三）AI 与大数据在非遗保护和创新中的作用

AI 和大数据技术，在非遗文化的保护与创新中发挥着越来越重要的作用。这些技术不仅有助于非遗项目的数据管理和分析，还能在非遗技艺的学习、传承和推广方面提供新的解决方案。

AI 技术可以用于分析非遗文化的特征，并通过智能算法实现部分技艺的模拟。例如，在传统书法、绘画、音乐等艺术领域，AI 可以通过学习大量历史作品，分析其风格特征，并自动生成符合传统美学标准的作品。这种技术可以用于非遗文化的教学和研究，使初学者能够通过 AI 辅助系统更快掌握技艺要点。AI 技术还能够用于语音识别和翻译，帮助保护和推广濒危方言、传统戏曲唱腔等非遗项目。

大数据技术则能够帮助非遗管理者分析文化传播的趋势，并优化推广策略。通过数据分析可以了解不同地区、不同年龄群体对非遗文化的关注度，从而制订更具针对性的推广方案。大数据还能用于监测非遗项目的生存状况，记录非遗传承人的活动情况，为非遗保护政策的制定提供数据支持。

（四）智能制造与非遗工艺的结合

现代智能制造技术，为传统非遗工艺的创新提供了新的路径。非遗技艺在手工制作的基础上，结合智能制造技术，可以提高工艺的生产效率，并扩大其市场影响力。

传统陶瓷、刺绣、木雕等工艺品，通常需要大量的手工操作，而智能制造技术可以通过数控雕刻、3D 打印等手段，提高工艺制作的精准度和稳定性。智能制造不仅能够让复杂的非遗技艺更容易复制和推广，还能在保证质量的同时降低生产成本，使更多人能够接触高质量的非遗产品。

智能制造技术还可以为非遗产品的个性化定制提供可能，消费者可以通过数字平台定制带有非遗元素的家居用品、服饰或工艺品，使非遗文化真正融入现代生活。通过智能制造，非遗文化不仅能够被更广泛地传播，还能够在市场竞争中找到新的商业模式，使其在现代经济体系中获得可持续的发展。结合实际，整理智能制造与非遗工艺的结合实例如表 3-1 所示。

表 3-1　智能制造与非遗工艺的结合实例

非遗工艺	智能制造应用
传统木雕	利用数控技术和 3D 打印在木雕工艺中的精确制作，提升木雕的细节和批量生产能力
景泰蓝	结合智能温控系统和激光雕刻技术，实现景泰蓝工艺的精细化生产，保持传统工艺的精髓
非遗织锦	通过智能织布机和数字化图案设计，提高非遗织锦的生产效率与图案创作的多样性
传统陶瓷	使用 3D 打印和机器人技术对陶瓷进行精准造型，保持传统工艺的细腻与现代生产的效率
刺绣	在刺绣工艺中引入自动化刺绣机器，提高生产效率，同时保留手工艺术的精致感

非遗智慧与现代科技的融合，为传统文化的保护、传播和创新提供了新的路径。通过数字化存储，非遗文化能够被更完整地记录和传播；通过 VR 与 AR 技术，非遗文化能够以沉浸式体验的方式呈现给大众；通过 AI 与大数据，非遗文化的研究与管理变得更加高

效和精准；通过智能制造，非遗技艺得以在现代社会中继续发展，并与市场需求接轨。非遗文化的现代化不仅是文化传承的必然选择，也是科技与人文相互促进的体现。在未来的发展中，非遗智慧将在科技的支持下，以更加多样化的形式融入现代社会，展现出其独特的生命力和时代价值。

三、非遗智慧在现代社会中的传承机制

非遗作为人类文化的重要组成部分，承载着各民族的历史记忆、社会习俗、艺术创作和生活智慧。随着全球化进程的推进，许多传统文化和技艺面临消失的危险。为了应对这一挑战，如何有效地传承非遗智慧，确保其在现代社会中的延续与创新，成为社会文化发展的重要课题。非遗智慧的传承不仅是对过去文化的延续，更是对未来文化多样性和社会和谐的贡献。

非遗的传承机制，在现代社会中涵盖了多方面的内容，既包括传统的口传心授，也包括借助现代科技和教育手段的创新传承方式。有效的非遗传承机制应当是多元化的、灵活的，并能在不同社会背景和需求下进行适应性调整。通过传承机制的构建，非遗文化能够在现代社会中焕发新的生命力，为社会的文化多样性提供源源不断的滋养。理解和探索非遗智慧的传承机制，不仅有助于保护传统文化的精髓，还能促进现代社会对文化传承价值的认同和实践。

（一）传统传承方式与现代转化相结合的传承机制

传统的非遗传承方式通常依赖口传心授与师徒制，通过长时间的实践和经验积累，确保技艺与知识的延续。尽管这种方式在过去发挥了重要作用，但在现代社会中，由于各种社会因素的影响，单一的口传心授方式面临着一定的局限性。为了适应现代社会对非遗文化保护和传承的需求，结合现代技术和教育手段的多元化传承机制逐渐显现出其重要性。

师徒传承依然是非遗传承的核心机制之一。通过代代相传的方式，传统技艺和文化得以保存和延续。随着社会的变革，传统师徒制面临着传承人的短缺、知识传承的不稳定以及现代生活方式的冲击。为了应对这一挑战，越来越多的非遗项目开始采用多元化的传承途径，将传统的师徒传承与现代的教育体系结合。很多非遗项目通过开设专门的学校、培训班和文化工作坊，使更多的年轻人能够接触传统技艺，并通过系统化、规范化的方式进行学习。

现代科技也为非遗传承提供了全新的途径，利用互联网平台、数字化工具和社交媒

体，非遗文化的传播不再仅仅局限于地方和特定群体。通过视频教学、在线课程和虚拟展示，非遗知识可以快速传播至全球，吸引更多的受众参与其中。数字化技术通过 3D 扫描、虚拟复原等手段，使传统技艺和艺术得以保存和传播，为后代提供了更加直观、生动的学习材料。结合传统和现代传承方式，非遗能够在现代社会中更好地传递和延续。

（二）文化政策与社会支持在非遗传承中的作用

非遗文化的传承不仅依赖个体和家庭的努力，政府和社会的支持同样发挥着关键作用。有效的政策和社会支持能够为非遗的传承提供稳定的保障，并激发社会各界积极参与非遗保护。政府在非遗传承机制中扮演着核心角色，通过法律法规、资金支持、宣传推广等多方面的举措，可确保非遗文化得到有效的保护和传承。

许多国家和地区已出台相关政策，加强对非遗的保护和传承。2003 年 10 月联合国教科文组织的《保护非物质文化遗产公约》为世界各国提供了非遗保护的框架，鼓励各国采取有效措施进行保护和传承。我国通过设立非遗保护基金、举办非遗项目的展示和交流活动、建立非遗传承基地等方式，为非遗传承提供了强有力的保障。各地通过制定地方性政策，鼓励非遗项目的保护和传承，弘扬传统文化。

社会层面的支持同样重要，非遗项目的传承不仅依赖政府和文化机构的支持，也离不开社会公众和企业的参与。许多非遗项目通过与企业合作，得到了资金和技术的支持，不仅促进了非遗项目的现代化改造，也提高了其市场价值。民间社团、文化传承人以及志愿者的参与，更对非遗文化的活跃传播起到了积极作用。

（三）教育体系在非遗智慧传承中的关键作用

教育作为文化传承的核心环节，对于非遗智慧的传承具有不可或缺的重要作用。在现代社会，非遗不应仅仅局限于某些传统群体的记忆之中，它应当走进课堂，成为年青一代了解和接触传统文化的重要途径。教育体系的多元化和全球化使非遗的传承不再限于口传心授的方式，也可以通过学校教育、社会教育和在线教育等多种渠道实现。

在许多国家和地区，非遗已经成为学校教育的重要组成部分。通过在中小学、大学课程中加入非遗相关的知识和技能，培养学生对传统文化的认知和兴趣。许多学校开设了与传统艺术、手工艺、民俗文化相关的选修课程，让学生能够从小了解和学习非遗文化。一些高等院校还专门设立了与非遗相关的学科，培养非遗传承和研究人才，为非遗文化的未来发展提供坚实的人才支持。

社会教育也是非遗传承的重要途径，许多文化馆、博物馆和民间文化机构开设了非遗传承课程和工作坊，让更多的人特别是青少年能够接触非遗技艺和文化。传统的手工艺、音乐、舞蹈、节庆等，通过社会教育平台的推广，使其成为更广泛人群参与的活动。这些教育形式，不仅帮助社会大众了解了传统文化的深度和价值，还通过学习与实践，使非遗技艺得到了生动的传承。

非遗智慧在现代社会中的传承机制是多层次、多维度的，涉及传统传承方式与现代科技的结合、政府和社会的支持、教育体系的建设等多个方面。通过这些机制的综合运作，非遗文化得以在现代社会中焕发出新的生命力，不仅为人类社会的文化多样性提供了强大的支持，也促进了社会的创新与发展。在未来，非遗智慧的传承将继续依赖社会各界的共同努力，特别是在科技创新和教育体系的推动下，非遗文化将继续在现代社会中蓬勃发展，为全球文化的多元性和包容性作出积极贡献。

四、非遗智慧对现代生活方式的引领作用

非遗不仅是民族文化的传承，它还对现代生活方式的塑造和引领具有重要的作用。随着科技发展和社会变革，虽然现代生活方式不断更新，但非遗智慧依然能够为现代人提供深刻的生活理念和价值观，尤其在健康、生活美学、生态环保、社会互动等领域。非遗智慧中的人文思想、生活方式和艺术形式，通过对传统智慧的现代化转化，不仅成为现代人回归自然、追求平衡与和谐的思想指引，也为社会的发展与进步提供了更多元的选择。

非遗智慧在现代社会的引领作用，体现在其对人类精神生活的滋养、生活质量的提高以及社会生态的改善等方面。无论是传统的养生理念、民俗节庆，还是传统手工艺和艺术，它们在塑造现代人生活习惯和价值观的同时，也展现了非遗文化与现代社会需求的紧密契合。非遗智慧不仅为现代生活提供了历史的镜鉴，更能帮助现代人寻找与自然和谐相处、与社会互助合作的生活方式。

（一）非遗智慧在现代健康生活中的应用

健康的生活方式在现代社会中占据越来越重要的地位，非遗智慧通过其丰富的养生理论和实践，能够为现代人提供健康管理的智慧和方法。传统的养生文化，尤其是在中医药、气功、饮食调养等方面的经验，对于现代社会的人们维持身心健康具有深远的指导意

义。非遗文化中的养生理念强调人与自然、身心与环境的和谐共生，这种思想与现代社会提倡的身心健康、全人护理的健康理念不谋而合。

中医养生文化是非遗智慧的重要组成部分，具有几千年的历史和实践积累。通过辨证施治、食疗、针灸、推拿等方法，中医在保持身体健康、延缓衰老方面有着显著的效果。在现代社会中，中医药养生逐渐被人们所重视，许多养生馆、保健品公司、健身中心等都开始结合中医的理论与实践，为人们提供个性化的健康管理服务。食疗不仅能够帮助人们增强免疫力，还能够通过调整饮食结构来改善生活质量，这正是非遗智慧在现代健康生活中的体现。

气功、太极等传统养生运动，强调的是身体与精神的双重调节。这些活动不仅有助于调节气血、增强体质，还能够通过调节心理状态、平衡情绪来促进身心的健康。许多人已经把气功、太极等活动融入日常生活中，尤其是在老年人群体中，太极成为改善健康、延年益寿的重要运动方式。这些传统的养生方法不仅使人们找到了缓解压力、增强身体素质的途径，也体现了非遗智慧在健康生活方式中的引领作用。

（二）非遗智慧对现代社会美学和生活品质的提升

在现代社会，生活品质的提升不仅是物质层面的满足，更是精神层面和美学层面的追求。非遗智慧通过其独特的艺术表现形式和审美理念，深刻影响了现代人对美的认知与生活空间的塑造。无论是传统的手工艺、建筑艺术，还是民间艺术，它们都包含了深厚的美学思想，能够为现代人提供不限于视觉的美的享受，更提供了内心和精神层面上的文化滋养。

传统的手工艺，如陶瓷、刺绣、织锦等，体现了人类与自然和谐共处的智慧。在现代设计中，非遗手工艺的融入为家居空间、服饰、饰品等增添了独特的文化气息和艺术价值。在现代家居设计中，许多家具和装饰品通过融合传统工艺，不仅提升了生活空间的美学品质，还传达了对传统文化的尊重与认同。现代家居中越来越多的陶瓷器、刺绣靠垫、手工编织的地毯等，都将非遗技艺与现代生活方式相结合，形成了独特的文化艺术氛围。这不仅让现代人能在日常生活中享受到非遗带来的美学享受，还帮助他们在繁忙的工作和生活中找到宁静和舒适。

传统的建筑艺术与空间设计也在现代社会被赋予了新的生命，许多现代建筑师借鉴传统建筑中的元素，如庭院布局、木结构、雕刻装饰等，将其与现代建筑技术相结合，创造出了兼具传统韵味和现代气息的建筑作品。这些建筑不仅在功能上能满足现代需求，还在视觉和文化层面传达出深厚的历史底蕴和文化情感，提升了人们对生活空间的美学体验。

（三）非遗智慧在现代社会生态与可持续发展中的影响

现代社会面临着环境污染、资源过度消耗等一系列生态问题，而非遗智慧中的许多传统实践方法为现代社会提供了可持续发展的借鉴。传统社会在与自然的互动中积累了大量关于资源合理利用、环境保护的经验，这些经验不仅帮助人类在自然中找到生存的平衡，也为现代社会提供了重要的借鉴和参考。

传统农业中的“天人合一”理念强调人与自然的和谐共生，提倡尊重自然、保护土壤和水源①。这一理念通过现代的可持续农业和绿色环保技术得到了延续。许多非遗农业技术，如轮作、作物多样性、生态农业等，强调减少对环境的破坏，提升土壤的自然肥力。现代农业的许多做法，已经开始借鉴这些传统智慧，推行有机农业、绿色农业等更加环保和可持续的生产方式，从而实现生产效益与环境效益的提升。

非遗智慧中的手工艺和生活方式也在现代社会的可持续发展中找到了位置。许多非遗手工艺品，如竹制品、麻织品等，利用天然材料、低能耗生产工艺，在满足人们日常需求的同时，也遵循了环保和可持续发展的原则。传统手工艺所倡导的“简朴”与“自然”理念，为现代社会提供了一种低碳、环保的生活方式，反映了非遗智慧在当今社会中的深远影响。

非遗智慧对现代生活方式的引领作用，是其在现代社会中不断演变和创新的体现。从健康管理、生活美学到社会生态与可持续发展，非遗智慧的多维度价值不断显现。它通过与现代社会需求的深度融合，不仅为当代人提供了丰富的精神滋养和文化认同，也为社会注入了更多的创新动力和可持续发展的智慧。非遗智慧在现代生活中的应用，展现了文化与科技、传统与现代的有机结合，促进了社会的和谐与可持续发展。通过非遗的引领，现代人能够在纷繁复杂的生活中找到精神的归宿和内心的宁静，同时也为社会的进步和文化的繁荣提供了源源不断的力量。

---

① 吴晓华，王威. 农史视角下我国现代农业生态化发展路径研究［J］. 宝鸡文理学院学报（社会科学版），2023，43（3）：76-82.

第二节　非遗文化嵌入现代教育的实施策略

一、非遗文化在教育体系中的融入方式

非遗作为民族文化的重要组成部分，承载着悠久的历史与独特的智慧，既包含了传统技艺和民间艺术，也反映了民族的社会习惯和文化精神。随着全球化和现代化的不断推进，非遗文化面临着保护和传承的双重挑战。教育体系作为文化传承的关键平台，承载着非遗文化传递与弘扬的责任。

非遗文化的融入不仅有助于提升学生对传统文化的认知，还能培养他们的民族自豪感和文化认同感。通过教育将非遗文化传递给下一代，不仅能促进文化多样性的保存与发展，还能增强社会的文化凝聚力。在全球化的背景下，非遗的教育化和系统化将为世界文化的多元性注入新的活力，在传统智慧和现代需求之间找到良好的契合点。通过教育体系的创新与非遗文化的结合，非遗将以更加多元化、现代化的形式，进入人们的日常生活并不断焕发出新的生命力。

（一）非遗文化在基础教育中的融入

在基础教育阶段，非遗文化的融入不仅能够丰富学生的文化知识，还能帮助他们建立对传统文化的深刻认知①。通过学校课程、课外活动和社会实践等多种形式，学生能够全面接触并理解非遗文化的丰富内涵，进而增强对本土文化的认同感。越来越多的学校开始将非遗文化作为教育内容之一，尤其是在美术、音乐、历史、社会学等学科中，融入非遗元素的教学得到了广泛应用。

许多地方教育部门通过开设传统文化课程，让学生了解和学习传统工艺、民间艺术等非遗项目。传统手工艺如剪纸、陶瓷、刺绣等，已经成为许多中小学美术课程的重要内容。通过实践活动，学生不仅能亲手体验非遗技艺，还能在过程中领略到传统艺术的精妙与深邃。许多学校还通过与地方文化机构、非遗传承人合作，组织学生参观传统工艺现场，进行非遗技艺的现场观摩与学习，提升学生的文化素养和动手能力。

---

① 蒋雯怡. 非遗文化融入小学教育的问题及对策研究［J］. 大学，2022（17）：123-126.

除了课内课程，课外活动和社会实践也是非遗文化教育的重要组成部分。学校可以通过组织非遗文化节、传统手工艺大赛、民族音乐舞蹈展示等活动，让学生在实际参与中感受和学习非遗文化。通过这些活动，学生不仅能够加深对传统文化的理解，还能培养集体合作精神和创新意识，推动传统文化在现代教育中的创新传承。结合实际，整理非遗文化在基础教育中的融入实例，如表 3-2 所示。

表 3-2　非遗文化在基础教育中的融入实例

非遗文化	融入方式
传统书法	在学校课程中设置书法课堂，教授学生基本的书法技巧及文化背景
民间故事	通过课堂讲解和戏剧表演等形式，将民间故事作为课堂教学的一部分，培养学生的文化兴趣
传统舞蹈	在学校的文艺活动中引入传统舞蹈，开展舞蹈兴趣班，提高学生对传统文化的认同
京剧	将京剧的经典片段与校园剧团活动结合，帮助学生了解京剧的基本知识和表演技巧
剪纸艺术	开设剪纸艺术课程，让学生亲自体验剪纸艺术，提升学生的动手能力与文化传承意识

（二）非遗文化在高等教育中的教学与研究

在高等教育中，非遗文化的融入不仅体现在课程的设置上，还包括对非遗文化开展的学术研究和创新性传承。许多高校已经开设了与非遗相关的专业课程，并通过学术研究推动非遗文化的保护、传承和创新。在艺术、设计、民俗学、历史学、社会学等多个学科领域，非遗文化不仅是重要的教学资源，也是学术研究的重要课题。

一些高校的美术与设计类专业，在课程中融入非遗文化元素，鼓励学生在现代设计中汲取传统艺术的营养，创作出既有传统底蕴又符合当代审美的设计作品。通过跨学科的合作，学生能够将非遗技艺与现代科技、创新设计相结合，为非遗文化的现代转化提供新思路。传统手工艺、民间艺术的保护与创新问题，也是高等院校相关学科的研究重点。通过学术研究，不仅能够为非遗文化的保护提供理论支持，还能够推动其与现代社会的融合与发展。

在高等教育阶段，非遗文化的教学还应该关注其跨文化传播和全球影响等问题。随着国际交流的日益增多，许多高校通过设立相关课程和研究项目，培养学生对全球文化多样性的理解与尊重。非遗文化是世界性传统文化的代表，要通过对其进行学术研究、文化交流等方式，推动不同文化之间的理解与对话。非遗研究者和文化传播者要通过国际会议、学术出版等方式，将本国的非遗文化介绍给世界，从而促进文化的互鉴与共享。

（三）非遗文化在职业教育中的实用性教学

职业教育是培养实用型人才的重要途径，而非遗文化的融入，则为学生提供了丰富的职业技能和文化价值。非遗技艺和手工艺不仅有着极高的艺术价值，也具备一定的实用性，许多非遗项目已经成为现代职业教育中不可忽视的一部分。通过在职业教育中加入非遗技艺的课程，学生不仅能够获得传统技能，还能在现代社会中找到应用和创新的空间。

许多技工学校和职业院校开设了与非遗相关的专业课程，如传统木工技艺、陶艺制作、刺绣工艺、漆艺等。这些课程不仅教授学生基本的工艺技能，还通过实践操作让学生了解非遗技艺背后的文化内涵和历史渊源。通过实践，学生能够将非遗文化中的工艺技巧与现代生产方式相结合，既保留了传统技艺的精髓，又提升了作品的市场竞争力。

非遗文化在教育体系中的融入方式，不仅为学生提供了深厚的文化底蕴，还为社会文化的多元化发展贡献了力量。通过基础教育、高等教育和职业教育的多层次融入，非遗文化不仅帮助学生建立了对传统文化的认知，还培养了他们的文化素养和创造力。在现代教育体系中，非遗文化的融入为文化传承提供了新的机制和路径，同时也为文化多样性的保护和社会和谐作出了积极贡献。通过教育体系的全方位支持，非遗智慧将在现代社会中持续焕发其独特的生命力，为人类社会的发展提供源源不断的文化动力。

二、非遗文化教育资源的开发与利用

非遗不仅是历史与传统的承载体，也是现代教育的重要资源。在当代社会，随着对非遗保护意识的不断增强，非遗文化逐渐走进学校课堂，成为教育体系中不可或缺的一部分。尤其在民族地区，非遗文化通过其独特的文化背景和实践经验，不仅有助于丰富学生的文化知识，还能在传承民族传统、增强文化认同感方面发挥重要作用。如何将非遗资源有效地转化为教育资源，并合理开发与利用，成为当下教育领域面临的挑战。下文将探讨非遗文化教育资源的开发与利用方式，结合广西地区的案例，分析非遗在现代教育中的应用现状与成效。

（一）非遗文化资源的现状及数字化发展

广西作为少数民族聚居区，拥有丰富的非遗文化资源。广西的非遗项目涉及民间文学、民间音乐、传统技艺、节庆活动等多个领域，其中许多项目具有浓厚的民族特色，如侗族大歌、壮族铜鼓舞等①。这些非遗项目不仅是广西文化的根脉，也是中华民族共同的文化瑰宝。随着现代化进程的推进，传统的非遗传承面临着人才短缺、传承方式单一等问

① 宁琳，唐琳. 5G时代广西少数民族非遗数字化转型研究［J］. 文化创新比较研究，2024，8（34）：78-82.

题，尤其是一些传统技艺和艺术形式逐渐消失，步入濒危的困境。

为了有效保护和传承非遗文化，数字化成为当代非遗保护的重要手段之一。广西已在多个非遗项目中进行数字化资源的建设，如壮族歌圩、侗族木构建营造技艺等项目的数字化工作已取得显著进展。通过数字化手段，非遗的保护不仅限于物理载体的保存，还包括视频、音频和图像等多媒体形式的记录，使非遗文化能够更加生动和多样地呈现。数字化资源的建设，为非遗在教育领域的利用提供了新的机遇，尤其是在中小学、大学以及职业教育中，数字化的非遗资料为学生提供了直观的学习体验，帮助他们更好地理解传统文化的内涵。

在广西，非遗数字化资源不仅局限于传统艺术和技艺的展示，还涉及教育应用的各个层面。广西的非遗数字化资源在中学历史教学中的应用已经粗具规模，通过互动式学习平台，学生能够通过虚拟实境等技术体验传统文化，提升他们对本土文化的认同感和自豪感。

（二）非遗文化在教育体系中的实践应用

非遗文化的教育资源开发不仅是对传统文化的传授，更是在培养学生的创新思维和文化认同。非遗的教育功能不仅体现在艺术学科，还跨越到历史、地理、社会学等多个学科中。广西大学通过开设非遗文化课程，将非遗项目与现代设计教育相结合，既保护和传承了传统艺术，又激发了学生的创意和设计能力。传统美术类非遗，如刺绣、剪纸、陶瓷技艺等，已经成为高校设计教育的重要部分。

在中学阶段，非遗资源作为历史和文化教育的重要组成部分，逐步融入教材和课程体系中。广西的初中历史教学通过引入非遗数字化资源，采用互动课堂和虚拟历史场景，让学生在历史学习中体验和理解民族文化的多样性。通过广西的“壮族三月三”节庆活动的数字化展示，学生能够在课外活动中亲身感受壮族文化的独特魅力。

在职业教育中，非遗资源的应用也展现出其独特的价值。以传统手工艺为例，广西的职业院校将非遗技艺作为专业技能培训的一部分，为学员提供实际操作的机会，使他们在学习中获得传统工艺的知识和技能，并能够将这些技能应用到现代生产和设计中。

（三）非遗文化资源的开发与利用策略

为了充分发挥非遗文化在教育中的作用，教育部门和文化机构需要在开发和利用非遗文化资源方面采取一系列有效的策略。加强非遗文化资源的数字化建设，将传统文化转化为适合现代教育的形式。通过开发互动学习软件和在线课程，使非遗文化资源能够跨越地域限制，进入更多学校和课堂。

在教育体系中逐步建立非遗文化的教学大纲和课程标准，结合非遗的特点和实际需求，将其与学科教学内容相结合，为教师提供专业的培训和支持，以保证非遗教育的质量和效果。非遗文化的教学不仅是知识的传递，更重要的是文化认同感的培养。教育工作者应通过教学活动，让学生从内心认同传统文化，并在日常生活中加以践行。

积极鼓励社会力量参与非遗文化教育事业。政府应通过财政支持和政策引导，推动社会机构、非遗传承人和文化企业进行合作，共同推动非遗文化的社会化。通过多方合作，将非遗文化资源更广泛地应用到教育、文化旅游、社会服务等领域，推动非遗文化的多元化传承。

非遗文化在教育体系中的融入，是实现非遗保护与传承的重要途径。通过数字化资源的建设、课程内容的创新以及教学方法的改进，非遗文化不仅能够在教育体系中占据重要位置，还能为学生提供全面的文化滋养。广西作为非遗文化资源丰富的地区，通过非遗文化教育资源的开发和利用，成功地将传统文化与现代教育结合，不仅为学生提供了丰富的学习材料，也为传统文化的传承注入了新的活力。非遗文化的教育化应用将在推动文化自觉、增强民族认同以及促进社会可持续发展方面发挥更加重要的作用。

三、非遗文化教育师资的培养与培训

非遗作为文化的传承者，承载着民族的历史、智慧和精神①。在全球化的时代背景下，如何保护和传承非遗文化，尤其是如何将其有效地融入现代教育体系中，成为文化保护与教育发展的关键课题。而这一切的基础在于师资力量的培养与提升。非遗文化教育的师资，不仅要具备专业的非遗知识和技艺，更需要具备现代教育理念、教学技巧和文化传承的责任感。培养一支具备深厚非遗文化素养和教育能力的教师队伍，是非遗文化教育成功的关键。

教师作为非遗文化教育的直接参与者和执行者，其对非遗文化的理解、传递和创新直接影响文化的传承效果，因此非遗文化教育师资的培养与培训显得尤为重要。所以，如何提升教师的非遗文化素养，如何为他们提供实践机会，以及如何将传统文化的教学内容与现代教育方法相结合，这些都成为当前非遗教育面临的实际问题。通过建立合理的师资培

① 宁传凤. 生态翻译视域下少数民族非遗文化技艺外宣材料的英译研究：以广西壮族自治区为例［J］. 中国民族博览，2024（19）：214-216.

训机制，非遗文化能够更有效地进入课堂，进而影响学生的文化认同与生活方式。

（一）非遗文化教育师资的专业素养与实践能力

非遗文化教育的师资，需要具备扎实的专业知识和高水平的实践能力。非遗文化包含传统的技艺、艺术、节庆、语言等多个领域，所以教师必须具备丰富的非遗项目背景和深刻的文化理解能力。根据当前教育实践，许多非遗文化教育工作者在掌握非遗内容方面已有了基础，但如何将这些内容转化为有效的教育资源，则需要进一步的培养与培训。

在广西的非遗文化教育实践中，许多教师通过参与传统工艺的培训，亲身体验非遗技艺的制作过程，提升了自己的实践能力。这种通过亲身参与的教学模式，不仅能够帮助教师在感性层面理解非遗文化的内涵，也使他们能够在课堂上更好地传授非遗技艺和知识。通过专业的课程和实践机会，教师能够深入了解如陶瓷、刺绣、剪纸等传统技艺的精髓，并将这些内容传授给学生，进而帮助学生更好地感受和理解传统文化。

除了实践能力，非遗文化教育的师资还需要不断提升学术素养。教师必须掌握如何将非遗文化融入现代教育体系，如何在教学中创新性地传递文化价值。这要求教师不仅要具备深厚的非遗专业背景，还需具备教育学、心理学等方面的知识，以便更好地设计课程、组织活动和进行评估。只有通过专业的课程培训和持续的学术研究，非遗文化教育的教师才能够不断提高自己的教育水平，更好地适应现代教育环境。

（二）非遗文化教育师资的培养机制与方法

非遗文化教育师资的培养，涉及从教育政策的支持到教育方法的创新等多个层面。有效的师资培养机制不仅能提供系统的非遗知识培训，还能为教师提供充足的实践机会和资源支持。许多地方政府和文化部门已经开始结合当地的非遗项目开展师资培训。通过定期组织非遗文化讲座、实践活动和文化交流等，帮助教师深入了解本土的非遗项目及其文化内涵，提升师资教育水平。

在广西地区，针对非遗文化教育的师资培训已逐步展开，形成了以“传承+创新”模式为主的培训体系①。通过邀请本土的非遗传承人和专家教授传授技艺，教师不仅能够在短期内掌握基本的非遗知识，还能够通过实际操作体验非遗项目的内涵。这种培训模式，不仅解决了传统教学中“学”与“教”脱节的问题，还为教师提供了接触和体验非遗项

① 覃若娴.民间非遗文化的数字动漫化传承与传播研究：以广西“壮族三月三”为例［J］.玩具世界，2024（7）：120-122.

目的机会，提高了他们的教学实际能力和文化传承的责任感。

非遗文化教育的师资培养还需建立灵活的教学平台。教育部门可通过与非遗保护机构、文化遗产中心和民间艺术团体的合作，建立教师与非遗项目传承人的直接联系。在这种合作模式下，教师能够通过定期的教学实践、文化交流和合作研究等方式，深入了解非遗文化，掌握更多实际教学技巧，并与非遗文化的传承人共同推动文化教育的发展。

（三）非遗文化教育的跨学科教师培训与团队合作

非遗文化教育不仅涉及传统文化的传授，还与现代教育理念、教学设计和跨学科的协作息息相关。非遗文化教育师资的培养不仅要重视传统艺术技能的训练，还应注重跨学科的教育培训。其中，教师的跨学科合作尤为重要，教师不仅要具备非遗项目的专业知识，还需要与其他学科的教师合作，共同推动非遗文化在教学中的创新应用。

在广西的一些教育项目中，非遗文化教育与美术、历史、社会学等学科的合作，已经逐步形成了跨学科的教学模式①。在这种模式下，历史学教师可以通过讲解非遗项目的历史背景与社会意义，帮助学生更好地理解非遗文化的价值；美术教师则通过传授传统的艺术技法，如雕刻、编织、绘画等，让学生体验非遗技艺的美学价值。通过不同学科之间的协作，教师不仅能够发挥自己在非遗文化教育中的作用，也能够为学生提供更多元化的学习体验，进一步加强他们对非遗文化的理解和认同。

跨学科的教学方法不仅提高了非遗文化教育的质量，还为教师提供了创新和发展的空间。通过团队合作，教师能够更加全面地理解非遗文化的多层次内涵，将其创新性地融入课堂教学和课外活动中，使非遗文化在教育体系中的作用得到更加充分的体现。

非遗文化教育师资的培养与培训，既是非遗文化传承的基础，也是文化教育创新的重要环节。通过系统化的培训机制，教师不仅能够掌握丰富的非遗知识，还能够提升自己的教学能力和跨学科合作能力。在广西地区，非遗文化教育的实践表明，通过与非遗传承人的合作、跨学科教学平台的建设，非遗文化能够更有效地融入现代教育体系，为学生提供丰富的文化体验和认知。非遗文化教育师资的培养，是非遗文化传承与现代教育有机结合的关键一环，通过不断创新和优化，非遗文化能够在现代社会中焕发新的生命力，为文化多样性和社会可持续发展贡献力量。

---

① 宋冬慧，张艺端. 非遗文化在高校美育中的价值及实践路径：以桂林电子科技大学为例［J］. 美术教育研究，2024（8）：71-73.

四、非遗文化教育效果的评估与反馈

随着全球化和现代化进程的加速，传统文化，特别是非遗面临着前所未有的挑战。为了有效保护和传承这些文化瑰宝，越来越多的教育机构开始将非遗文化融入课堂教学，尤其是在地方性院校和中小学教育中。非遗文化不仅具有极高的历史价值，而且在现代教育中也扮演着重要角色，它能够帮助学生深入理解本土文化，增强文化自信。而非遗文化教育的有效性如何评估，却成了一个迫切需要解决的问题。教育效果的评估与反馈机制，可以帮助教育者和政策制定者了解教育活动的实际影响，优化教育内容和方法。

（一）非遗文化教育的评估方法

非遗文化教育的评估。涉及对学生知识掌握、情感认同、行为改变等多个维度的考量。为了全面评估非遗文化教育的效果，通常采用定量与定性相结合的评估方法。

知识层面的评估。评估学生是否掌握了相关的非遗文化知识，是最直接的评估方式之一。常见的评估方法包括笔试、课程作业和课后测试等。广西地区的一些中学，在实施非遗文化教育时，会通过期末考试来测试学生对壮族歌谣、侗族大歌等非遗项目的了解程度。通过考查学生对非遗文化背景、技术技巧及文化内涵的掌握情况，评估学生在文化知识层面的学习成果。

情感与态度层面的评估。非遗文化教育的另一重要目标是增强学生对本土文化的认同感与自豪感。对于这一层面的评估，传统的考试评估方式往往无法涵盖，因此通常采用访谈、问卷调查、学生自我报告等方式。通过调查学生对非遗文化的态度变化、情感投入程度，可以了解教育活动对学生文化认同感的影响。在广西历史教学中，通过设计问卷调查学生对壮族非遗文化的态度变化，能够较为准确地反映学生对非遗文化的认同度和兴趣变化。

行为层面的评估。非遗文化教育的效果还需要通过学生的行为表现来进行评估。学生是否在日常生活中积极参与非遗文化的传承活动，如传统手工艺制作、民间节庆活动等，是评估非遗教育效果的一个重要指标。广西的许多学校会组织学生参与传统文化的体验活动，如制作壮族织锦、参与侗族大歌演唱等，借此观察学生的主动参与度和实际操作能力，从而评估非遗文化教育的实践效果。

（二）非遗文化教育的反馈机制

非遗文化教育的反馈机制，旨在通过对教育效果的及时反馈，帮助教师和教育管理者调整教学策略，确保教育活动的持续优化和进步。反馈机制的构建，通常包括以下几个方面。

学生的反馈是教育效果评估中最直接的来源之一，通过课堂讨论、课程评估表等方式，学生能够向教师表达他们对非遗文化课程内容的理解程度、兴趣以及建议。这种反馈能够帮助教师调整教学方法，确保课程内容既能满足学术需求，又能吸引学生的兴趣。在广西的某些教育实验中，学生在参与非遗文化课程后，常常通过课堂讨论来表达自己对传统文化的看法，以及他们希望在课堂中学习到的更多内容。

教师对教学效果的自我评估，也是反馈机制中不可或缺的一部分。教师通过反思自己的教学方法、课堂互动以及学生的反应，可以对非遗教育的实际效果进行评估。广西的部分非遗文化教育项目中，教师会通过定期的教学反思和教学总结，评估课程的实施效果，并根据学生的反馈和学习情况调整课程内容与教学形式。

家长和社区在非遗文化教育中的角色也不容忽视，家长不仅是孩子教育的参与者，还是非遗文化教育传播的重要桥梁。家长对孩子学习非遗文化的反馈，可以从家庭作业、课外活动等方面反映出来。社区反馈则更多体现在学生是否能将所学的非遗文化知识和技能应用到社区文化活动中。广西的许多非遗传承项目，往往依托社区的支持与参与，家长和社区成员的反馈可以帮助教育者进一步了解学生在日常生活中对非遗知识应用的情况。

非遗文化教育的效果评估与反馈机制，对于非遗教育的持续改进与发展至关重要。通过科学的评估方法和完善的反馈机制，可以确保非遗文化教育更加贴近学生的需求和兴趣，同时也能够推动非遗文化的传承和创新。广西地区通过引入数字化资源、传统工艺教育和文化活动，探索出了一条行之有效的非遗教育路径。随着教育体系的不断完善，非遗文化教育将继续在增强文化认同、促进文化多样性保护和推动社会可持续发展方面发挥更大的作用。

第三节　非遗传统嵌入现代生活的协调作用

一、非遗传统在社区文化中的融合与展现

非遗不仅是民族历史与文化的沉淀，也是现代社会发展中的重要组成部分。随着时代的变迁，非遗文化不断面临着传承的挑战，尤其是在现代化进程中如何保持其独特性和价值更是重中之重。社区作为文化传承的基本单元，是非遗文化展现与融合的理想场所。将

非遗文化融入社区文化，不仅有助于提升居民的文化认同感，还能通过日常生活的方式让传统文化在现代社会中焕发新的生机。

非遗在社区文化中的展现，表现为传统技艺的复兴、节庆文化的传承以及传统理念与现代生活的结合。通过深入探索非遗文化与社区的结合点，可以发现非遗不仅是过去的回忆，它还在现代社区生活中扮演着重要的角色。通过具体案例的分析，下文将探讨非遗文化在现代社区中的融合路径及其对社区文化的推动作用。

（一）非遗文化在社区活动中的实际应用

非遗文化的传承不仅是单纯的知识和技艺的延续，更多的是通过日常生活与社区活动的融合来实现。社区文化活动，特别是与非遗相关的活动，如传统节庆、民俗表演、手工艺品制作等，成为非遗文化展示的主要场所①。广西的侗族大歌、壮族歌谣等非遗项目，通过与社区日常文化活动相结合，走入了每一个家庭和社区成员的生活。

在广西的一些社区中，非遗技艺的教学与展示已经成为日常文化活动的一部分。社区居民在传统节日中聚集一堂，参与传统手工艺的制作，感受民俗表演的魅力。这种将非遗文化融入社区生活的方式，不仅能让居民近距离接触并学习传统技艺，还能通过代际传承的形式，使年青一代深刻感受到非遗文化的独特魅力。

广西的非遗项目常常通过社区文化节、民俗节庆等活动展示其丰富的文化内涵。在这些活动中，社区成员不仅是观众，更是参与者和传承者。侗族的“侗族大歌”表演，已成为每年社区节庆中的亮点。通过集体的歌唱活动，侗族文化在现代社区中得到了有效的传承和展现。通过这些活动，非遗文化不仅成为社区文化的一部分，而且通过互动参与增强了社区成员的归属感与文化自信。这种沉浸式体验，确保了非遗文化在现代社会中的生动展示。

（二）非遗与现代社区文化的深度融合

现代社区文化的建设需要不断融入多元化的文化元素，非遗文化作为其中的一部分，其独特的文化内涵与价值在现代社区建设中具有重要地位。非遗文化与现代社区的深度融合，表现在多个方面，包括教育、社区管理以及文化空间的建设等。

在教育方面，非遗文化的融入使社区居民在日常生活中得到了更多的传统文化的学习

① 孙月坤. 以“非遗文化进社区”活动提升公民素质的研究［J］. 现代职业教育，2020（11）：108-109.

机会。许多社区通过设立非遗文化学习班、举办讲座等方式，帮助居民了解和掌握传统技艺与文化知识。广西的多个社区设立了“非遗文化课堂”，邀请非遗传承人和工艺师为居民讲解和展示传统工艺，帮助他们掌握如刺绣、织锦等技艺。这样的社区教育活动，不仅推动了传统技艺的传承，还加强了居民对非遗文化的认知和自豪感。

非遗文化在社区管理和文化空间的建设中也有着重要作用，一些社区通过建设非遗文化展示馆、手工艺作坊等场所，为居民提供了展示非遗技艺和交流文化的平台。这些空间不仅是传统文化的展示窗口，也是社区文化活动的中心，居民在这些空间内不仅能够了解传统文化，还能够在实践中将非遗技艺带入生活，推动其在现代社会中的活跃发展。结合实际，整理非遗传统在社区文化中的融合如表 3-3 所示。

表 3-3　非遗传统在社区文化中的融合

非遗传统	社区文化融合方式
传统舞蹈	通过社区文化活动举办传统舞蹈表演，传承地方特色舞蹈，增强居民归属感
民间音乐	通过社区演出和节庆活动展示，提升社区文化氛围，促进文化认同
传统节庆	在社区组织庆典活动，吸引居民参与，传递历史与文化价值
非遗手工艺	在社区中设立工作坊、举办展览，增强居民对传统工艺的理解并积极参与
地方戏曲	通过社区文化中心的演出和讲解，推广地方戏曲，提升居民的文化素养

（三）非遗文化推动社区文化认同与凝聚力

非遗文化的融入对社区文化认同的形成具有积极的推动作用，在现代社会，社区成员的身份认同感和归属感受到越来越多的挑战，尤其是在城市化进程中，社区文化常常面临同质化和被外来文化冲击的困境。通过非遗文化的融合，社区文化能够重新找回其独特的身份特征，增强居民的文化认同感。

在广西的一些社区，非遗项目的传承不仅帮助居民增强了对本土文化的认同，还促进了不同年龄、不同背景的社区成员之间的交流与合作。年轻人通过学习非遗技艺，不仅理解了传统文化，还增强了对社区的归属感和责任感；老年人则通过传授技艺，感受自己在社区中的价值，并通过与年青一代的互动，延续了非遗文化的生命力。

非遗文化的融合使社区文化的多样性得到了更好的体现，通过不同民族和地域的非遗文化展示，社区成员能够更加包容和尊重多样的文化形式，形成更加和谐的社区环境。多元文化的融合，不仅增强了社区的凝聚力，还为社区文化注入了更多的创新活力。

非遗传统在社区文化中的融合与展现，不仅是非遗文化保护与传承的必要途径，也是现代社区文化建设的重要组成部分。通过将非遗文化融入社区日常生活，不仅提升了居民的文化认同感，也促进了社区的和谐发展。广西等地的案例表明，通过文化活动、教育模式以及社区空间建设，非遗文化能够在现代社会中焕发新的活力。未来，随着社会对非遗文化价值认识的不断深化，非遗文化将在更多社区中展现其独特的魅力，成为推动社区文化建设的重要力量。

二、非遗传统与社区生活的互动关系

非遗作为民族文化的重要组成部分，具有深厚的历史背景和文化价值。其保护与传承不仅是历史的责任，也是社会发展的需要。在现代社会中，非遗文化通过与社区生活的互动，展现出其独特的生命力。特别是在传统文化逐渐融入现代生活的过程中，非遗文化不仅成为社区文化建设的一部分，还在加强社区凝聚力、提升文化认同感和推动社会文化多样性等方面发挥着不可替代的作用。

社区作为文化传承和创新的载体，提供了一个实现非遗文化多元化应用的平台。非遗传统在与社区生活的互动过程中，通过节庆活动、文化教育、艺术创作等途径，实现了非遗文化的持续传承与发展。下文将探讨非遗传统在现代社区中的表现形式，以及非遗文化与社区生活相互作用的具体方式，结合实际案例，分析这种互动关系对社区发展的积极影响。

（一）非遗文化在社区日常生活中的融合

非遗文化在现代社区的融合，不仅是传统艺术形式的展示，更是其在日常生活中融入的过程。通过非遗项目的传承与创新，非遗文化逐步走入现代社区居民的生活中，成为文化认同与精神寄托的一部分。

以广西为例，侗族大歌、壮族歌谣等非遗项目通过节庆活动和社区艺术教育得以传承。许多社区通过举办传统节庆活动、民俗表演等方式，使居民在参与过程中感受传统文化的魅力。在广西的某些社区，每年举办的“侗族大歌节”吸引了大量居民和游客参与，传统的歌唱方式与现代的音乐元素相结合，使这一非遗文化形式既得以保存，也焕发出了新的活力。

非遗技艺的传承也渗透到居民的日常生活中，许多社区通过设立传统手工艺工作坊、非遗文化课堂等形式，鼓励居民特别是年轻人学习传统手工艺，如刺绣、陶艺等。这不仅促进了非遗技艺的传承，也为现代社区提供了多样化的文化活动，使社区居民在接受艺术熏陶的同时，更加了解自己的文化根基。

（二）非遗与社区教育的有机结合

非遗文化的传承不再局限于节庆活动和艺术展示之中，它还在社区教育中有着巨大的拓展空间。通过将非遗元素融入教育体系，社区不仅培养了居民的文化认同感，还增强了社会凝聚力。许多社区通过与当地学校的合作，将非遗文化纳入课程体系，开展非遗知识讲座、实践活动等，使年青一代能够更深入地了解和体验传统文化。

广西一些社区与地方学校合作开展“非遗文化进校园”项目，邀请非遗传承人进行技艺展示，并组织学生亲自参与传统工艺的制作。这种方式不仅提高了学生对非遗文化的认知，还激发了他们对传统文化的兴趣和热爱。这种教育模式使非遗文化不再是仅仅在特定群体中传承的遗产，而是成为全社会共享的文化资源。

社区也可组织各类非遗主题讲座和工作坊，普及非遗文化知识，增强居民文化自信。通过这种方式，非遗文化在社区生活中的存在不再仅限于传统节庆和艺术展示，还通过教育和实践活动，深入居民的日常生活，成为社区文化建设的重要组成部分。

（三）非遗文化推动社区文化认同的形成

非遗文化在社区中的深入发展，对社区文化认同的形成起到了积极推动作用。随着社会的快速发展，许多传统文化在现代化进程中面临着被边缘化的风险，而非遗文化在社区生活中的表现，正是对这一问题的有效应对。通过将非遗文化融入社区生活，居民不仅能够从中汲取文化养分，还能够通过参与传统文化活动，增强对本土文化的认同和归属感。

在广西，侗族和壮族等民族的传统节庆活动，不仅吸引了本地居民，还成为外来游客了解和体验民族文化的重要途径。侗族的“侗族大歌”表演不仅是节庆活动的一部分，也是文化认同的一种体现。社区居民通过参与这类活动，增强了对本民族文化的认同，同时也促进了不同民族之间的文化交流和理解。

非遗文化与现代社区生活的互动关系，是非遗传承与现代生活融合的重要体现。通过将非遗文化融入社区的日常活动、教育体系以及节庆活动，非遗不仅得到了有效的保护和传承，也为现代社区提供了丰富的文化资源。这种互动关系不仅增强了居民的文化认同感，也推动了社区文化的多样化发展。未来，非遗文化将在更多社区中焕发新的活力，成为连接传统与现代、促进社会和谐的重要力量。

三、非遗文化在社区治理中的创新应用

非遗作为一种文化财富，不仅是历史的见证，也在现代社会的各个方面展现着巨大的

潜力和价值。随着社会的发展，非遗文化在社区治理中的作用逐渐得到重视。传统的非遗文化，不仅能够帮助社区居民建立更强的文化认同感，还能为现代社区治理提供创新的思路和解决方案。通过创新的方式将非遗传统融入社区治理，不但能促进传统文化的传承，而且能够增强社区的凝聚力和治理效果。

在现代社区治理中，非遗传统的应用已经不再仅仅局限于文化传承，而是与社区管理、公共服务、社会互动等方面紧密结合，形成了多元化的应用模式。非遗文化资源，特别是传统的民俗活动、节庆仪式、手工艺技艺等，成为推动社区创新治理的重要力量。通过结合非遗传统，社区治理的创新不仅增强了治理的文化深度，也为社区提供了更多元、更灵活的管理方式。

（一）非遗文化在社区公共服务中的作用

非遗文化在社区治理中的创新应用，体现在公共服务领域。非遗传统，作为社区文化的一部分，能够在公共服务的设计和实施中发挥积极作用。通过非遗文化的引入，社区不仅能够提升公共服务的文化内涵，还能够增强社区居民的参与感和认同感。

在广西的一些社区，非遗文化已经成为公共服务的一部分。通过举办传统节庆活动和民俗表演，社区不仅提供了娱乐和文化享受，还加强了居民之间的互动和团结。这些活动通常由社区居民共同组织，不仅让他们体验传统文化的魅力，还促进了居民之间的社会联系。社区的公共服务不再仅仅是满足物质需求的供给，而且通过文化活动增加了居民的精神和文化层面的需求。

非遗文化还通过传统手工艺工作坊、传统美食节等方式，成为社区公共服务的一部分。这些活动不仅为社区居民提供了文化体验的机会，还推动了非遗文化的保护与传承。广西某些社区定期举办的“传统手工艺展示”活动，吸引了大量社区居民和游客参与。通过这样的活动，居民不仅能了解传统文化，还能够通过亲身参与，提升自己的文化素养和技能，进一步推动了社区文化的繁荣。

（二）非遗文化在社区管理中的创新运用

在现代社区治理中，非遗文化的创新运用不仅体现在文化活动和公共服务上，还与社区的管理模式和社区建设紧密相连。非遗传统通过其独特的社区治理模式，为社区提供了更多的管理智慧和方法。传统的村落治理方式往往通过共同体的力量来管理社区事务，借助集体讨论、民众参与和传统节庆等活动，形成了一种自我管理的模式①。

这一传统模式在现代社区治理中得到了创新和应用，在广西的某些乡村和社区，非遗文化成为社区治理的纽带。通过借助传统节庆、集会和民俗活动，社区居民能够在共同参与的过程中，解决问题并增进了解。侗族的集体劳动和大歌演唱活动，已经成为社区成员之间协调和解决问题的一个重要途径。在这些活动中，居民共同讨论并解决社区管理中的实际问题，通过集体参与增强了社区治理的效果；集体性和包容性也为社区治理提供了启示。传统的非遗节庆活动往往具有很强的凝聚力和共同体感，能够促进社区居民之间的合作与互动。在现代社区管理中，这种集体主义精神被用来加强社区成员之间的关系，推动社区更加和谐地发展。通过组织社区成员共同参与非遗文化相关活动，社区能够提升居民的归属感，并促进其更加积极、民主地参与社会治理活动。

（三）非遗文化在社区社会互动中的影响

非遗文化的另一个重要应用领域是促进社区内的社会互动和文化交流。现代社会的社区往往面临人口多样化、文化多元化等问题，如何增强社区成员之间的互动，提升社区的社会资本，是当前社区治理中的一项重要任务。非遗文化通过其深厚的文化积淀和多样的表现形式，为解决这一问题提供了有效途径。

以广西某些社区为例，非遗文化不仅是居民日常生活的一部分，也是促进社区互动和文化交流的重要平台。社区内的节庆活动、传统舞蹈和民俗艺术，不仅吸引了本地居民的参与，还吸引了来自外地的游客和外来居民共同参与。这种文化的交流与互动，不仅增强了本地居民对自身文化的认同感，也增进了不同文化背景居民之间的理解与尊重 。

利用非遗文化超越语言、年龄、背景的差异，可以建立更加紧密的社会联系。传统的工艺制作、民间艺术等活动，成为社区成员之间沟通与合作的桥梁，促进了文化的多样性和社区的社会凝聚力。非遗文化不仅是传统艺术的复兴，更是现代社区社会互动的纽带和推动力。

非遗传统在社区治理中的创新应用，已经成为推动社区文化繁荣和社会和谐的重要力量。通过将非遗文化融入社区公共服务、管理和社会互动等方面，不仅增强了社区治理的文化深度，还为社区提供了更多元化的治理模式和文化体验。广西等地的案例表明，非遗文化在现代社区治理中的应用，能够有效促进社区凝聚力、社会参与度和文化认同感的提

① 敖夏，吴峭. 接力“非遗”传承，唱响文化自信：宁海县第一职业中学以“非遗”文化为“媒”，育核心素养之“魂”[J]. 职业，2018（13）：4-7.

升。随着非遗文化在社区治理中的不断创新和拓展，未来它将继续为社区的可持续发展和社会的文化多样性贡献更多力量。

四、非遗传统在社区发展中的传承策略

非遗作为文化传承的重要组成部分，具有深厚的历史底蕴和独特的文化价值。随着现代化进程的加速，非遗文化的传承面临着前所未有的挑战。尤其在社区发展中，如何将非遗传统有效融入社区治理和发展，不仅关乎文化的传承，更是社区文化建设和社会和谐发展的关键举措。非遗传统在社区发展中的传承，已不再是单纯的文化保护问题，而是通过创新应用，实现非遗与现代生活的有机结合，推动社区可持续发展的关键因素。非遗传统通过参与社区治理、文化活动以及教育体系，能够增强社区的文化认同感，提升居民的参与意识，并推动社区整体发展的多样性和文化包容性建设①。

（一）非遗传统与社区文化建设的深度融合

非遗文化的传承与社区文化建设之间，存在着深厚的内在联系。在社区发展过程中，非遗传统的参与不仅能够丰富社区文化生活，还能增强居民的文化认同感和归属感。通过将非遗文化与社区文化活动深度融合，可以促进社区成员之间的互动和合作，实现文化的代际传承和文化自信的提升。

广西的侗族大歌便是非遗文化与社区文化融合的典型案例，在广西许多社区，侗族大歌不仅是节庆和文化活动的一部分，还成为社区团结的象征。通过在社区活动中定期举办大歌表演，侗族文化得以延续，并为社区居民提供了一个共同参与的文化平台。老一辈与年青一辈通过共同参与这些活动，在享受音乐和文化的同时，也促进了代际沟通，增强了文化认同。

社区文化活动中的非遗元素还助力增强了社区的凝聚力，社区内的手工艺品制作、民俗艺术表演等活动，让居民不仅能够接触传统技艺，还能通过亲手参与加深对非遗文化的理解和传承。这种深度融合为社区的文化建设注入了新的活力，推动了非遗文化的保护和创新应用。

① 格桑翁姆. 社区驱动的非遗传承与可持续发展：以甘孜州德格县麦宿镇为个案［J］. 中国藏学，2024（6）：48-54，214-215.

（二）非遗传统在社区治理中的创新应用

非遗传统在社区治理中的创新应用，不仅有助于提高社区的文化水平，还能够增强社区的治理效能。通过创新的方式将非遗文化融入社区治理体系，可以提高居民对社区事务的参与度，促进社区管理模式的多元化，推动社会资源的优化配置。

以广西某些社区为例，通过将非遗文化与社区治理相结合，推动了社区管理的多元化和灵活性。在这些社区中，非遗项目如民俗表演、传统节庆活动等，成为居民参与社区事务的重要渠道。社区在举办节庆活动时，不仅展示传统文化，还通过活动安排解决社区内的一些公共事务，如卫生清洁、环境治理等。这种模式充分利用了非遗文化的凝聚力，增强了居民对社区的认同感，同时也提升了社区居民的社会责任感。

非遗文化在社区治理中的创新应用，还体现在社区资源的整合和优化上。通过政府和社会组织的合作，将非遗文化项目与社区发展目标相结合，形成了更加协调的社区治理体系。广西的某些社区通过整合非遗资源，打造文化品牌，吸引了更多的社会资金和资源投入，推动了当地经济和文化的共同发展。

（三）非遗文化在社区社会服务中的应用

非遗文化不仅能在社区文化建设和综合治理中发挥作用，它在社区社会服务中的应用也具有重要意义。社区是老龄化社会中居民生活的重要场所，如何通过非遗文化丰富社区的社会服务体系，提高居民的生活质量，已经成为现代社区建设的一个重要议题。非遗文化作为社区社会服务的一部分，不仅能提供文化享受，还能帮助社区成员更好地应对生活中的挑战。

广西的传统手工艺项目在许多社区中成为老年人日常活动的一部分。通过社区组织的传统手工艺制作活动，老年人不仅能够保持身体的活力，还能与其他居民建立社交关系，减少孤独感，提高生活质量。这些活动不仅是文化娱乐，更多的是通过非遗项目提供了精神慰藉和情感支持，尤其是在社区养老服务中，非遗文化发挥了重要的作用。

非遗文化还在社区社会服务中为居民提供了更多的互动平台，通过传统节庆活动的组织，社区为居民提供了一个展示自我和相互交流的机会，促进了邻里之间的互助和合作。社区中的非遗活动不仅使居民感受到归属感，还为社区建设提供了源源不断的文化动力。

非遗传统在社区发展中的传承策略，不仅通过文化活动和社会服务丰富了社区的精神生活，还为社区治理提供了创新的解决方案。通过将非遗文化与社区的文化建设、综合治理和社会服务等方面深度融合，非遗传统得以在现代社会中焕发新的生机。这不仅加强了社区成员的文化认同感，也推动了社区的和谐与可持续发展。非遗文化将在更多社区中扮演更加重要的角色，成为推动社会进步和文化繁荣的重要力量。

第四章　非遗“嵌入”现代生活的普惠创新

第一节　信息科技在非遗保护中的开发应用

一、信息科技在非遗记录与存档中的应用

随着科技的不断进步，信息技术在文化保护和传承中的应用已经取得了显著进展。尤其是对于非遗这一传统文化形式，如何通过现代科技手段进行有效的记录与存档，已成为全球文化保护的重要课题。非遗不仅是各民族的历史积淀，也是世界文化的宝贵财富。由于其极强的地域性、口头性和表演性，非遗的保护面临着诸多挑战。如何将这些易逝的文化形式长期安全妥善地保存，并让它们在全球范围内得到有效的传播和传承，是当前非遗保护工作中的难题之一。

信息科技，尤其是数字化技术、AI、大数据及云计算等先进技术的应用，为非遗的记录与存档提供了全新的解决方案①。通过这些技术手段，可以将非遗文化通过数字化的方式长期保存，并且方便快速地传播到世界各地。数字技术不仅可以优化记录非遗的形式、内容和传播途径，还能在非遗传播的过程中保证其文化内涵的准确性与完整性。下文将探讨信息科技在非遗记录与存档中的应用，阐述其在非遗保护与传承中的重要性和实际效用。

（一）数字化技术在非遗记录中的应用

数字化技术的应用为非遗的记录与存档提供了前所未有的便利。传统的非遗传承主要依赖口述、表演和实物保存，而这些传统方式由于技术限制，往往难以在长时间内保证其内容的完整性与准确性。通过数字化手段，将非遗文化转化为可保存、可传播的数字形式，不仅解决了这些问题，还极大地提高了非遗文化的传播效率。

以广西的壮族歌谣为例，这一非遗项目主要通过口耳相传和现场表演的形式传承。随

---

① 黄宇婷. 信息技术助力非遗文化进校园：以景德镇陶瓷为例［J］. 陶瓷科学与艺术，2024，58（10）：52-53.

着年轻人对传统文化的认知逐渐淡薄，壮族歌谣的传承面临着危机。通过数字化录音、视频拍摄等技术手段，壮族歌谣的音乐旋律、歌词以及演唱技巧等得以被完整记录下来。通过建立数字化数据库，壮族歌谣的各个版本和演唱者的表演全都得到了保存，并通过网络平台向全世界传播方式，不仅确保了非遗文化的长期保存，也为未来的学术研究和文化交流提供了便捷的资料。通过数字化技术，学者和文化工作者可以更容易地获取和分析非遗数据，进一步推动非遗的研究与创新。

（二）VR与AR技术在非遗展示中的应用

VR和AR技术作为信息科技中的重要组成部分，正在逐步成为非遗文化展示和传播的有力工具。传统的非遗文化展示大多依赖实地参观和现场体验，而这种方式具有地域性和时效性限制，难以广泛传播。通过VR和AR技术，非遗文化的展示形式得到了极大的扩展和创新。

以传统的手工艺展示为例，AR技术可以让观众通过智能设备扫描传统手工艺品，就能立即获取该手工艺品的详细信息、历史背景和制作过程。这样不仅能增强观众对非遗的理解，还能激发他们对传统文化的兴趣。在广西的非遗文化展示中，利用AR技术，参观者可以通过手机扫描传统的壮族刺绣作品，看到刺绣技艺的操作细节过程，这种技术手段既打破了传统展示方式的空间限制，也让传统艺术的魅力得到了更深层次的体验。

在VR技术的帮助下，可以生动和直观地感受非遗文化的展示过程。参观者通过VR设备，能够身临其境地体验到壮族歌谣演唱的现场氛围，感受到传统节庆的热烈场景。通过VR技术，非遗文化得以跨越时间与空间的界限，任何地方的观众都能够沉浸在非遗文化的世界中。VR、AR这些技术的应用，极大地扩宽了非遗的展示空间，并增强了观众的参与感和互动性。

（三）大数据与云计算在非遗传播和存档中的应用

大数据和云计算技术的应用，为非遗文化的存档和传播提供了新的技术支撑。通过大数据技术，非遗文化的各类信息能够被系统化地收集、存储、分析和挖掘，从而形成全面的非遗文化数据库。云计算技术则使这些数据库能够被广泛地共享与访问，打破了地域和时间的限制，使非遗文化得以更高效地传播。

在一些地方，非遗文化的数字化数据库已经成为一个重要的文化资源库。通过数据采集系统，非遗项目的音频、视频、图片和文字资料被全面收录，并在云计算平台进行存储和管理。通过云平台，来自全球的学者、研究人员和文化爱好者可以轻松地访问这些资料，开展学术研究和文化交流。广西的壮族传统音乐和舞蹈等非遗项目，通过大数据与云计算平台的建设，使全世界的人们都能便捷地接触这些文化资源 。

大数据技术还能帮助研究人员分析群体和文化认知等因素，为非遗文化的保护和创新提供数据支持。通过对非遗文化数据的分析，能够更准确地把握文化传播的趋势和需求，从而制定更加有效的传承策略。

（四）AI在非遗保护与传播中的应用

AI作为信息科技中的另一前沿技术，正在为非遗文化的保护和传播提供创新的解决方案。AI技术的引入，尤其是在语音识别、图像处理、数据分析等方面，为非遗的数字化记录和传播提供了更高效、智能的手段①。

在非遗文化的语言记录和保存方面，AI语音识别技术发挥了重要作用。许多传统语言和口述文化通过AI技术被转化为可存档的数字文件。广西的一些少数民族语言，如侗族、壮族等，正在通过AI技术进行语音识别和转录工作。这样不仅能够确保这些语言的完整性和准确性，还能为日后的语言教学和文化研究提供珍贵的资料 。

AI还可以通过图像识别技术，快速识别和分类非遗文化的民间艺术作品，再通过AI图像处理技术将其快速数字化，并进行智能分类、存储和检索。这不仅提高了非遗文化资料管理的效率，也让非遗的传播和学习变得更加方便快捷。

信息科技的不断进步，为非遗文化的记录、存档与传播提供了强大的技术支持。从数字化技术到VR、大数据、云计算和AI，信息科技的应用使非遗文化在现代社会中得以更好地保护和传承。广西等地的非遗数字化项目为我们提供了成功的经验，证明了科技与文化相结合的巨大潜力。在信息科技的支持下，非遗文化不仅能够在全球范围内得到更广泛的传播，还能为传统文化注入新的活力，推动文化的创新与发展。信息科技将在非遗保护和传播中扮演越来越重要的角色，为全球文化的多样性和可持续发展作出更大贡献。

二、信息科技在非遗研究与分析中的支持

非遗是民族文化的根基，蕴含着深厚的历史和社会意义。随着社会的变迁和现代化进程的推进，非遗文化面临着极大的消失风险。传统的非遗研究主要依赖人工记录、现场研

---

① 孙雨佳，鲍杰，李天宇，等. 基于“互联网+”的非遗营销模式创新发展策略研究［J］. 办公自动化，2023，28（9）：10-13.

究和实物保存，但这些方式不仅耗时费力，而且无法从根本上解决非遗文化的快速消失问题。信息科技的引入为非遗研究提供了全新的途径。现代信息技术，尤其是大数据、AI、VR、云计算等，正在为非遗研究提供精准、便捷的工具，帮助研究者从多个维度对非遗文化进行深入分析和传承。

信息科技的支持使非遗研究不再局限于传统的方式，它为非遗文化在分析、保护、再创造等方面提供了强大的技术后盾。借助数字化技术和智能化工具，非遗研究能够进行数据存储与处理，分析文化内涵、演变趋势、传播路径等，极大地提高了非遗文化的保护和传承效率。下文将探讨信息科技在非遗研究与分析中的应用，分析它如何为非遗文化的挖掘、整理与保护提供技术支持。

（一）数字化技术在非遗研究中的应用

数字化技术在非遗研究中的应用，为非遗文化的保护和分析提供了更加精确和高效的手段。通过对非遗文化元素的数字化记录，研究者能够将传统的文化表达转化为可长期保存、易于分享的数字文件。这种方式不仅有效避免了非遗文化因时间流逝而消失的风险，还为后代的学术研究提供了宝贵的资料。

广西的壮族歌谣和侗族大歌等传统音乐，运用数字化手段将其音频、歌词和演唱方式进行记录，全面完整地保留了传统歌谣的原汁原味。这些数字化资料不仅能够长期保存在云端平台，还方便全球范围内的研究人员和文化爱好者进行检索和学习。通过对音频数据的保存与分析，研究者能够深入探讨歌谣背后的文化背景、社会功能及其演变过程。

数字化技术的另一项重要应用是通过视频录制和三维建模等手段，记录非遗技艺的全部操作过程。在陶艺、刺绣等传统手工艺的数字化记录中，三维技术可以精确呈现手工艺品的制作流程、细节和工艺技法①。这种数字化记录使非遗技艺可以被精准复制和传播，同时也为教学和文化交流提供了直观的工具。

（二）大数据与 AI 在非遗分析中的支持

大数据和 AI 技术的引入，为非遗研究提供了更为精准和多维度的分析手段。大数据

---

① 刘春辉.特色文化产业发展的新路径：非遗数字化保护在公共空间中的应用［J］.产业创新研究，2025（2）：70－72.

技术能够收集和整理大量的非遗数据，通过数据挖掘分析，揭示非遗项目的传播路径、受众偏好以及文化演变趋势。AI 技术则可以在非遗分析中提供更加智能化的服务，辅助研究人员分析非遗文化的演变规律、形式创新和传播效果。

以广西壮族传统舞蹈为例，通过大数据分析技术，研究人员可以系统化地收集并分析不同地区壮族舞蹈的表演形式、音乐节奏和舞步变化，进而揭示这些舞蹈形式如何随着时间和地域的变化而发生演变。通过这些数据的积累，研究者能够更加准确地了解非遗项目的传播脉络和文化背景，为非遗保护与创新提供理论依据。

AI 在非遗分析中的应用，尤其是在图像识别、语音处理和文本分析方面，取得了显著成果。基于 AI 的图像识别技术可以分析非遗艺术作品的风格特征，追溯其历史发展轨迹。AI 的语音识别技术可以帮助识别和转录濒危语言或歌谣，进一步促进语言保护和传统音乐的保存。

（三）VR 与 AR 在非遗展示与教育中的应用

VR 和 AR 技术为非遗的展示与教育提供了更加生动和直观的体验方式。通过 VR 技术，在非遗研究中可以将传统文化的表现形式与现代科技相融合，为观众提供身临其境的文化体验。在非遗展示中，VR 技术可以通过沉浸式体验，让观众感受传统舞蹈、戏曲表演等非遗项目的艺术魅力，不仅增加了文化展示的互动性，还增强了文化教育的效果[①]。

广西的一些非遗项目，如侗族大歌，通过 VR 技术的应用，观众不仅能够观看传统歌谣的演唱，还能体验歌谣背后的历史背景和文化情境。在 VR 环境中，用户可以“走进”侗族的传统村落，参与歌谣演唱和节庆活动，真实感受这一传统文化的独特性。

AR 技术在非遗文化的展示中也有着广泛的应用。通过 AR 技术，传统手工艺作品可以在展览中展示其制作过程，观众通过扫描作品可以看到不同阶段的制作步骤和技艺细节。这种技术让传统手工艺的展示更加生动、具体，有助于观众学习、理解和传承非遗技艺。

（四）云计算在非遗数据存储与共享中的应用

在非遗保护与传承过程中，数据的存储和管理是一个至关重要的环节，而云计算技术

---

① 周立军. 非遗文化传承与创新的数字化构建［J］. 现代商贸工业，2025（4）：16-18.

能为非遗研究和分析提供强大的数据存储和共享平台。通过云计算平台，非遗文化的各类数据可以被长期、安全地存储，并且可以方便地进行共享和访问。全球的研究人员和文化机构可以通过云平台对非遗数据进行分析与研究，实现资源共享与合作。

以广西的传统手工艺为例，云计算平台可以将手工艺制作的高清视频、音频资料、图片等存储在云端，为非遗文化的传播提供全球性的平台。这不仅为非遗文化的研究和传承提供了极大的便利，还促进了不同地区和文化之间的交流与合作。通过云计算技术，非遗文化的传播不再受制于时间和空间的限制，全球任何地方的文化爱好者都能够便捷地接触到这些文化资源。

信息科技在非遗研究与分析中的应用，为非遗文化的保护、传承和创新提供了全新的解决方案。数字化技术、大数据、AI、VR、云计算等先进技术的结合，不仅提高了非遗研究的效率和精度，还使非遗文化能够以更加生动、直观和互动的方式传播开来。广西等地区的非遗数字化项目和科技应用，已为非遗研究和传承开辟了新的路径。随着信息技术的不断发展，非遗文化将在全球范围内得到更加广泛的保护与传承，同时也为传统文化注入了新的生命力，为未来的文化研究和创新提供了更为广阔的空间。

三、信息科技在非遗展示与传播中的创新

非遗代表了各民族的历史与文化，它不仅是一个民族的文化象征，也是全球文化多样性的核心部分。由于其传承形式的特殊性，非遗的保护与传播面临着许多挑战。传统的口述、表演等方式在现代社会逐渐显得不足以满足全球化传播和长期保存的需求。信息科技的迅速发展，尤其是数字化技术、VR、AR、大数据和云计算的应用，为非遗的展示和传播带来了前所未有的机遇。通过这些先进技术，非遗文化不仅能够得到更好的保存和传承，还能以更具互动性和参与感的方式展现给全球观众。

现代信息技术的引入，改变了传统非遗展示的方式，使非遗文化可以跨越时空的限制进行广泛传播。通过数字化存档、虚拟体验和全球共享，非遗的传播不再仅仅局限于某一地区或民族，而是可以触及世界各地的观众。下文将探讨信息科技如何创新非遗文化的展示和传播方式，分析其在非遗保护、全球推广和文化创新中的重要作用。

（一）数字化技术推动非遗文化的全球展示

数字化技术为非遗文化的展示提供了全新的形式和平台，非遗传统大多依赖口述和表

演方式进行传播，这使它们容易受到时间和空间的限制。通过数字化手段，将非遗文化转化为可长期保存的电子格式，可以极大地拓宽其传播的边界。音频、视频、图像等多种形式的数字化，不仅能够保存非遗项目的原貌，而且可以通过网络平台进行广泛传播。

以广西的传统侗族大歌为例，这一非遗项目在过去主要依靠民间歌唱活动进行传承，具有强烈的地方性。而通过数字化录制，侗族大歌的音频、视频资料得以保存，并通过互联网平台传播到世界各地。全球文化研究者、音乐爱好者和普通观众可以通过数字平台观看侗族大歌的演出，聆听其原始音律，甚至通过 VR 技术身临其境地体验这一传统艺术的现场演出。这种数字化的展示方式，不仅突破了时间和地理限制，还使侗族大歌的文化价值得到了更广泛的认知和传播。

数字化技术的应用还能够通过 3D 建模和虚拟展示，帮助观众更好地理解非遗文化的艺术和技艺。传统的手工艺品如壮族刺绣、陶瓷、木雕等，经过数字化处理后，观众可以通过高清图像、三维建模等技术看到这些手工艺品的细节，并通过互动功能进行更加深入的了解。通过这些数字化展示，非遗文化的艺术性和技术性得到了更全面的展现。

（二）VR 与 AR 在非遗文化传播中的应用

VR 和 AR 技术在非遗文化的展示中提供了前所未有的沉浸式体验。传统的文化展示多依赖静态展览或实地参观，受到展览空间和时间的限制。通过 VR 技术，非遗项目的展示不再是单向的观看，而是变成了观众与文化作品之间的互动和体验。通过 VR 技术，参观者不仅可以"看到"侗族大歌的演出，还可以参与其中，感受到身临其境的氛围。

在广西的非遗展示项目中，VR 技术已经开始被应用来呈现传统节庆活动和民间舞蹈。通过 VR 设备，观众可以进入虚拟的侗族村落，观看侗族大歌的现场演出，并参与传统的歌舞活动。虚拟化的展示形式，让非遗文化不再局限于特定的地域和时间，通过技术的手段打破了空间与时间的障碍，将传统文化完整真实地呈现给全球观众。

AR 技术为非遗展示带来了更多互动性。运用 AR 技术，传统的手工艺作品可以用扫描被转化为数字化的三维模型，观众可以用手机或其他设备查看这些作品的细节，甚至通过 AR 技术看到制作过程中的每一个步骤。在广西的传统手工艺展览中，参观者可以通过手机扫描某件传统刺绣作品，了解刺绣的历史背景、技艺要求以及每一针每一线的艺术价值。这种互动的方式，使观众不再是被动的接收信息者，而是成为参与者，能够更加深入地理解非遗文化的精髓。

（三）大数据与 AI 在非遗传播中的创新应用

大数据和 AI 技术在非遗传播中的应用，为非遗文化的分析、分类、管理和传播提供了更为精准和高效的方式。通过大数据技术，非遗的各类信息可以被系统地收集、存储和分析，从而为非遗的传播、教育和文化创新提供数据支持。

在广西的非遗文化研究中，大数据技术被用于分析非遗项目的受众群体、传播路径和文化认知等方面。研究人员通过对大量非遗数据的收集与分析，发现哪些非遗项目更容易被年青一代接受，哪些传统文化元素在现代社会中得到了更广泛的传播。这些数据分析为非遗的保护和创新提供了实际依据。非遗数字平台可以通过大数据技术分析观众的兴趣偏好，定制个性化的非遗文化传播计划，确保文化传播的精准性和有效性。

AI 技术的应用同样改变了非遗的传播模式。AI 在图像识别、语音处理、翻译等方面的进步，为非遗文化的跨语言和跨地域传播提供了技术支持。AI 语音识别技术可以自动转录濒危语言和传统歌谣，完整保留其原貌；AI 图像识别技术能够对非遗艺术作品进行分类和分析，帮助学者和研究人员更好地理解和保护这些文化遗产。

（四）云计算在非遗数据存储与共享中的创新应用

云计算技术为非遗数据的存储与共享提供了强大的平台支持。通过云计算平台，非遗文化的各类数字资料可以被高效地存储、管理和分享，不再受地域限制。非遗研究者、文化工作者和普通观众都可以通过云平台访问和利用这些文化资源，大大提高了非遗传播的效率。

在广西，云计算技术已经被广泛应用于非遗数字化平台的建设。通过云平台，非遗项目如传统手工艺、音乐舞蹈等得到了大规模的数字化存储，并可以通过网络向全球传播。这不仅为非遗文化的保护提供了长期保障，也为全球文化爱好者提供了方便的学习和交流路径。通过云计算，非遗文化不再局限在特定的空间和时间进行展览，而是能够实现全球范围内的共享与传播。

信息科技在非遗展示与传播中的创新应用，极大地拓宽了非遗文化的传播空间和展示形式。数字化技术、VR、大数据、AI 和云计算等技术的引入，不仅提高了非遗文化的展示效率和传播效率，还促进了全球文化的交流与融合。通过这些技术手段，非遗文化不再局限于传统的展示方式，而是以更加生动、互动和全球化的形式传播开来，成为现代社会中不可或缺的一部分。信息科技将在非遗文化的保护、创新和传播中扮演更加重要的角色，为全球文化多样性和可持续发展作出积极贡献。

第二节　数智技术在非遗体验中的创新转化

一、数智技术提升非遗体验的互动性

随着科技的不断发展，数字化与智能化技术已逐渐成为文化传承与创新的重要推动力量，特别是在非遗的保护与传播领域。非遗作为文化的宝贵财富，承载了深厚的历史文化内涵，在当今信息化快速发展的社会背景下，传统的非遗传播方式已难以适应现代人们日益变化的需求。运用数智技术提升非遗的互动性，不仅有助于加强非遗的传承与发展，还能为传统文化注入新的活力。通过数智技术，非遗不仅能够在视觉和感官上进行再现，还能够通过互动体验让观众深度参与其中，从而加深对非遗的理解和认同。

（一）数智技术的应用为非遗体验提供了新形式

数智技术，如 VR、AR、AI 等，逐步应用于非遗领域，为传统文化的展示与传播开辟了新天地。通过这些技术手段，非遗的展示方式从单一的观赏模式转向了更加多元的互动体验。VR 技术能够为观众提供身临其境的非遗场景重现，使他们不再仅仅是被动的观众，而是能够沉浸其中，与传统技艺和文化元素充分互动的参与者。通过交互式的设计，观众可以在虚拟空间内自由探索，体验传统技艺的制作过程，感受非遗文化的独特魅力。

另外，增强现实技术的应用则能使非遗与现实生活更加紧密地结合。观众通过手机或智能眼镜扫描特定物品时，增强现实技术会将非遗元素融入实际场景中，从而为日常生活增添一份文化厚重感。这种互动方式能够有效地打破时空限制，使非遗与现代生活进行无缝对接。

（二）智能化互动技术提升了非遗传承的亲和力与参与感

智能化技术的引入为非遗体验提供了更多参与的可能性。通过 AI 技术，观众可以与虚拟人物或机器人进行互动，从而进一步了解非遗背后的文化故事与传承意义。在传统的非遗展示中，观众更多是通过看、听等方式接触文化，而智能化的互动设计让观众能够主动参与非遗的创作和演绎过程，增强了他们的参与感和情感共鸣。

在手工艺类非遗项目的展示中，AI 技术不仅能够模拟传统技艺的操作过程，还能根据观众的需求进行实时反馈，使观众在观看和体验的过程中得到更加个性化的互动感受。通过 AI 助手的指导，观众可以在虚拟环境中尝试制作传统工艺品，体验从零开始的创作过程，从而更加直观地理解非遗技艺的复杂性和独特魅力。

（三）数智技术促进非遗文化的多样化呈现

数智技术的应用不仅改变了非遗的展示方式，还促进了非遗文化的多样化呈现。通过数字化技术，传统非遗项目可以数字档案的形式保存并进行多角度呈现。数字化技术可将传统的手工艺品、舞蹈、音乐等以高清图像、视频或 3D 模型的形式展现出来，让观众从不同的视角观看与欣赏。多样化的呈现方式，不仅使非遗文化得到了更全面的展示，还让观众能够更加深入地感受到其独特的艺术魅力和文化价值。

数智技术也使非遗的跨地域传播成为可能，以数字化手段记录和传播非遗项目，可以打破地域和语言的限制，让更多的人群接触不同地域的传统文化，促进文化的多元融合。虚拟博物馆的建立，使世界各地的观众可以足不出户，通过网络访问到远在他国的非遗展品和表演。通过这种技术手段，非遗文化可以在全球范围内传播，增强了全球文化的多样性和包容性。

（四）非遗展示与体验中的沉浸式互动设计

沉浸式体验是当前数智技术在非遗展示中的重要应用之一。通过 VR 和 AR 技术，观众能够置身于真实的非遗场景中，进行多感官的互动。例如，在非遗戏剧或传统舞蹈的展示中，观众可以通过 VR 设备参与其中，成为演出的一部分，甚至与其他虚拟角色互动。沉浸式的体验，打破了传统的观众与表演者的界限，让观众不仅是旁观者，还是文化体验的一部分。

沉浸式互动设计的核心在于让观众与非遗文化之间能够建立情感上的联系。通过智能化的交互设备，观众可以根据自身的兴趣选择不同的文化内容进行体验，使每个人都能根据自己的需求和喜好，找到最适合的非遗展示方式。这种个性化的沉浸式互动体验，不仅增加了非遗展示的趣味性，也增强了其教育意义和文化传递的有效性。

（五）跨界融合推动非遗体验的创新

数智技术的不断发展，使非遗展示与其他现代文化形式的跨界融合成为可能。数字技术不仅使非遗文化走出了传统的展示框架，还推动了它与现代艺术、科技以及娱乐等领域的深度融合。通过将非遗元素与现代电影、游戏、音乐等相结合，能够以更加生动的形式吸引年青一代的观众，从而在不同的文化场景中拓宽非遗的传播渠道和受众群体。

数智技术还可以通过与现代商业模式的结合，为非遗文化带来全新的经济效益。数字化衍生品的开发、虚拟商品的交易等方式，为非遗文化在现代市场中找到了新的发展机遇。通过 3D 打印技术，传统工艺品能以更加精准和个性化的方式进行生产，从而提升其市场价值并增强其文化传播力。

数智技术的不断进步为非遗体验带来了前所未有的变革，从 VR 到 AR，从 AR 到沉浸式互动设计，数智技术不仅使非遗的展示更加生动与多元化，还促进了观众与非遗之间更加深刻的互动。通过数智技术的支持，非遗文化能够在现代社会中焕发新的活力，更加紧密地融入人们的日常生活，为非遗的传承与创新提供了有力保障。在未来，随着技术的进一步发展，数智技术将在非遗文化的保护、传承与创新中发挥更大的作用。

二、数智技术拓展非遗体验的沉浸感

在全球化的背景下，非遗的传承和传播面临诸多挑战。传统的非遗展示方式往往局限于静态展示和简单讲解，缺乏足够的互动性和沉浸感，难以吸引年青一代的关注。随着数智技术的迅猛发展，VR、AR、AI 等技术为非遗的体验提供了更加丰富的展示方式，这些技术不仅使非遗文化的呈现更加生动、直观，还通过沉浸式体验增强了观众的参与感和沉浸感。数智技术的应用能够让非遗从静态的文化展示转变为动态的、互动的文化体验，打破了时空限制，使观众能够深入感受非遗文化的魅力和深度。下文将探讨数智技术如何拓展非遗体验的沉浸感，为非遗的传承与创新提供全新的视角和方法。

（一）VR 技术在非遗展示中的沉浸感应用

VR 技术通过构建虚拟环境，为观众提供了身临其境的沉浸式体验。在非遗展示中，VR 能够模拟非遗的传统场景和制作过程，让观众不再仅仅是通过观察来接触非遗，还能够在虚拟空间中亲身体验并参与其中。例如，在展示传统的手工艺过程中，观众可以通过 VR 设备进入非遗工匠的工作间，体验从原料加工到最终成品的整个制作流程。VR 的沉浸感不仅体现在视觉上，还能够通过触觉和听觉的配合进一步增强体验的真实感。在这一过程中，观众不再是被动的接收者，而是能够主动参与非遗的创作与演绎，从而加深对非遗文化的理解与认同。

通过 VR 技术，非遗不仅可以被展示出来，还能够为观众提供互动的空间，让他们参与非遗的保护与创新。在虚拟环境中，观众可以使用虚拟工具尝试制作传统手工艺品，或是通过虚拟角色与非遗艺术家进行互动，学习传统技艺。VR 技术能使非遗展示更加富有互动性，极大地提升了观众的沉浸感和参与感。

（二）AR 技术带来的沉浸式跨界体验

AR 技术将虚拟世界与现实世界相结合，突破了传统非遗展示的局限性。运用 AR 技术，观众可以通过智能手机、平板电脑或 AR 眼镜等设备，将虚拟的非遗元素叠加到现实场景中，形成一种交互式的体验方式。这种技术能够让传统的非遗项目与现实生活进行无缝对接，使非遗文化更加生动地融入日常生活中。

AR 技术的应用使非遗的展示变得更加多元化。观众通过 AR 设备，可以在参观传统非遗展览的同时，看到与展品相关的历史背景、文化故事以及制作过程等信息，从而加深对非遗的理解。在参观一个传统的服饰展时，观众通过 AR 技术不仅可以看到服饰的实际展示效果，还能看到服饰背后的文化内涵，如不同的图案代表的意义、不同织物的技术工艺等。这种信息的层层叠加，使观众在感受非遗文化时不仅是视觉上的享受，更是深度的文化体验。

（三）AI 提升非遗互动性与个性化体验

AI 技术为非遗体验提供了更加个性化的服务。通过 AI 技术，观众能够根据自己的兴趣和需求选择非遗项目的展示内容，享受定制化的互动体验。AI 可以根据观众的年龄、性别、兴趣等因素，推荐适合的非遗内容，甚至根据观众的互动方式，实时调整展示内容和方式，增加体验的沉浸感和参与感。AI 的加入，不仅提升了非遗展示的互动性，还使观众能够根据自己的节奏和兴趣，更加深入地探索非遗文化。

在传统的非遗展示中，观众与展示内容之间的互动较为单一，往往只是通过观看或聆听来接收信息。在 AI 技术的支持下，观众能够与虚拟人物或智能设备进行对话，获取更多与非遗相关的内容。通过其智能化引导，观众可以更好地理解非遗文化的多层次价值，并与之产生更深的情感联系。

（四）沉浸式体验与多感官刺激的结合

沉浸式体验不仅依赖视觉的呈现，还涉及听觉、触觉等多感官的参与。数智技术在非遗展示中，能够通过声音、气味、触觉等多感官刺激，让观众的沉浸感更加深刻。在传统音乐或舞蹈的展示中，观众可以通过 3D 音响技术感受音乐的环绕效果，身临其境地感受到音符和节奏带来的震撼。在手工艺的展示中，观众可以通过触觉模拟技术，感受到传统工艺品的质感和温度，从而使非遗文化的展示变得更加多维和立体。

多感官刺激的沉浸式体验能够极大地提升观众的参与感与情感投入。当视觉、听觉和触觉等多种感官同时得到满足时，观众不仅能够更深刻地理解非遗文化的精髓，还能够在体验过程中产生强烈的文化认同感。这种深度的沉浸感，使观众能够更加主动地参与非遗的传承与保护，从而推动非遗文化的现代化传播。

（五）非遗沉浸式体验的教育功能与社会价值

沉浸式体验不仅是非遗展示的一种方式，更是非遗教育的重要手段。通过数智技术，非遗能够以更加生动和直观的形式传递给观众，特别是在青少年教育中，沉浸式体验可以极大地激发学生对非遗文化的兴趣和热情。沉浸式技术能够让学生在体验过程中通过动手操作、互动学习等方式，深入了解非遗的传统技艺与文化内涵，从而促进非遗的跨代传承。

沉浸式体验在社会公益和文化普及方面也具有重要价值，通过数智技术的应用，非遗文化可以覆盖更广泛的人群，尤其是偏远地区的观众群体，可以帮助他们更加平等地接触传统文化，促进社会文化的均衡发展。通过全社会共同参与非遗的保护与传播，非遗文化能够在更广泛的层面得到传承和弘扬。

数智技术在非遗展示中的应用，极大地拓展了非遗体验的沉浸感。从 VR 到 AR，再到 AI 和多感官体验，数智技术不仅使非遗的展示方式更加多样化和互动化，还通过沉浸式的体验提升了观众的参与感和情感认同。通过数智技术，非遗文化得以更生动、直观地传达给观众，使其更加贴近现代生活，激发出更广泛的社会参与和文化认同。随着技术的不断进步，沉浸式体验将成为非遗展示的重要方向，为非遗文化的传承与创新注入更多活力。

三、数智技术促进非遗体验的个性化

在数字化和智能化的浪潮中，非遗的传承和传播方式发生了显著变化。随着数智技术的深入应用，非遗体验不仅变得更加沉浸和互动，还能够为观众提供更加个性化的体验。通过 AI、大数据、VR、AR 等技术，非遗的展示不仅能够根据观众的兴趣和需求进行定制，还能通过智能化手段提供与文化遗产间的深度互动。个性化体验的实现，使非遗不再是单一、静态的文化展示，而是与观众的需求、偏好和行为紧密关联，提供量身定制的文化体验。这种转变不仅丰富了非遗展示的形式，也为非遗的传承注入了新的活力，使非遗在现代社会中得以更加生动和有意义地传播。

（一）大数据分析驱动个性化非遗体验的精准推荐

大数据技术为非遗的个性化体验提供了强有力的支持。通过分析观众的行为数据、兴趣偏好、浏览历史等信息，非遗展示平台能够精准地为观众推荐最符合其兴趣和需求的内容。某些传统文化艺术的表现形式往往具有深厚的历史背景和文化内涵，通过大数据分析，非遗展示平台可以根据用户的喜好推荐相应的非遗项目，甚至根据用户的年龄、性别、地理位置等因素调整推荐的内容和形式。通过数据的整合与分析，非遗文化不再是单纯的展示，而是能够根据观众的个性化需求，提供定制化的文化体验。

大数据的使用不仅限于推荐内容的个性化，通过实时跟踪观众的互动行为，非遗展示平台还可以根据观众的反馈调整展示方式。如果观众在观看某一非遗项目时停留时间较长，则平台会推送更多相关的文化内容，帮助观众深入了解并进一步体验。大数据技术通过智能化的分析与反馈机制，使非遗的展示变得更加灵活与个性化，从而提升了观众的参与感和体验满意度。

（二）AI 技术提升非遗内容个性化展示

AI 技术在非遗展示中的应用，使非遗体验的个性化水平得到了显著提高。通过 AI 技术，非遗项目能够根据观众的互动方式进行实时调整，提供更加符合观众兴趣和需求的内容。在传统的手工艺品展示中，观众可以通过语音、触摸屏等方式与展示内容进行互动，AI 可以根据观众的反馈调整展示内容的深度和细节。对于某些复杂的非遗技艺，AI 可以通过图像识别技术实时识别观众的行为，并给出个性化的指导建议，让观众可以在互动中不断学习和提升。

AI 还能够通过自然语言处理技术实现与观众的深度对话，在传统的非遗展示中，观众只能被动地接受信息，而在 AI 的帮助下，观众可以主动提出问题并获得即时回答。在参观某非遗项目时，观众可以通过智能语音助手询问该项目的历史背景、制作工艺、传承人等信息，AI 将根据观众的提问给出相关的答案，提升了观众的沉浸感和互动体验。

（三）VR 与 AR 技术支持个性化非遗互动

VR 和 AR 技术不仅增强了非遗展示的沉浸感，还在很大程度上推动了非遗体验的个性化。在VR中，观众通过佩戴VR设备，进入了一个完全虚拟的非遗世界，进行自由探索，也可以根据个人的兴趣，选择自己感兴趣的非遗项目进行深入了解。例如，在VR展示传统舞蹈时，观众可以选择观看不同风格的舞蹈，甚至可以通过虚拟场景与舞者互动，亲自参与舞蹈的演绎过程，从而实现个性化的文化体验。

AR技术的应用，则使非遗体验能够与现实生活相结合。观众通过AR设备扫描实物或景点时，可以看到与之相关的非遗信息，如传统工艺的制作过程、历史背景或相关人物的生平等。个性化的展示方式不仅让观众能够根据自己的兴趣深入了解相关内容，还使非遗文化融入日常生活，增强了其与现实的联系感和参与感。AR技术能够实时呈现丰富的多媒体信息，让观众根据自己的需求进行选择，从而提升了个性化体验的深度与广度。

（四）智能化导览系统实现个性化学习与探索

随着AI与大数据技术的发展，非遗展示中的智能导览系统成为个性化体验的重要组成部分。智能导览系统通常采用人脸识别、语音识别等技术，能够自动识别观众的身份和需求，为其量身定制参观路线与展示内容。某些非遗博物馆的智能导览系统可以根据观众的兴趣和学习进度，推荐相应的非遗项目进行深入探索。观众在参观过程中，系统可以根据他们的停留时间、互动行为等数据，调整展示内容的复杂度和深度，使每一位观众都能根据自己的节奏和兴趣，得到最适合的文化体验。

智能导览系统不仅能够提供文字和语音的解说，还能结合图像、视频等多媒体资源，使非遗的展示更加生动与直观。智能化的导览方式，极大地提高了非遗体验的个性化水平，使每位观众都能够根据自身的需求和兴趣，进行独立的文化探索。

（五）个性化非遗体验与观众情感的连接

个性化的非遗体验不仅体现在内容和展示方式的选择上，还涉与观众情感的深度连接。通过数智技术，非遗展示可以根据观众的情感变化和互动行为调整展示内容，提供更加贴合观众情感需求的体验。在某些非遗体验项目中，观众的情感状态可以通过智能设备进行监测，如通过面部表情识别技术、语音分析技术等，系统可以判断观众的情感反应，并根据反馈调整展示方式。通过这种情感驱动的个性化体验，非遗不仅是知识的传递，更是一种情感和文化的共鸣，使观众在体验过程中能够产生深刻的文化认同。

个性化非遗体验的建立，也促进了观众对非遗文化的深层次理解。观众在沉浸式的互动中，不仅学习了非遗技艺的具体操作，更能够感受到其中蕴含的文化价值和历史内涵。

体验式学习使非遗的传承不再仅仅依赖观众的记忆，而是通过深度参与和情感共鸣，促进了非遗文化的真正传承。

数智技术的应用极大地促进了非遗体验的个性化。通过大数据、AI、VR与AR等技术，非遗文化不再是单纯的展示，而是能够根据观众的需求、兴趣和情感状态进行个性化定制和深度互动。这种个性化的非遗体验，不仅提升了观众的参与感和沉浸感，还深化了非遗文化的传承与传播。通过数智技术，非遗展示能够真正与现代观众的需求接轨，激发他们对传统文化的兴趣和认同，推动非遗文化在当代社会的创新性发展。

第三节　智能设备在非遗学习中的支持助力

一、智能设备在非遗学习中的辅助作用

在传统非遗传承的过程中，学习和传授技巧往往依赖师徒之间的面对面交流。现代科技的进步，尤其是智能设备的普及，使非遗学习的方式发生了根本性的转变。智能设备，尤其是智能手机、平板电脑、智能眼镜等，已经成为学习非遗的重要辅助工具。它们不仅能够为学习者提供更加丰富的资料支持，还能通过虚拟化、交互式的体验方式使学习过程更加生动和有效。智能设备的应用使非遗的学习不再局限于传统的课堂教学或手工体验，而是突破了时间和空间的限制，让更多的人群能够随时随地接触并学习非遗技艺。通过这一转变，非遗的学习不再是单向的知识灌输，而是一种多维度、互动性强的学习体验。

（一）智能设备在非遗技能学习中的实践操作支持

在传统非遗的学习中，往往需要长时间的实践与积累，而这种学习方式对于初学者而言，存在一定的门槛。智能设备的应用则通过模拟技术和VR技术的支持，使非遗技能的学习变得更加直观和易于掌握。运用AR技术，学习者可以通过智能眼镜或移动设备，将虚拟的信息与现实世界中的手工艺操作进行结合，实时查看制作过程中的每个步骤和细节。这种技术支持不仅能帮助学习者快速理解和掌握复杂的操作步骤，还能让他们在虚拟环境中反复练习，达到提高技能的效果。

智能设备的另一个重要作用在于实践操作中的即时反馈，传统的非遗学习中，学徒往往依赖师父的口头指导，而智能设备则能够通过传感器和AI技术提供实时反馈。在学习

传统陶艺或木工时，设备可以通过动作识别技术检测学习者的操作是否标准，及时给予调整建议，避免学习者养成不规范的操作习惯。精准、即时的反馈机制，为学习者提供了更为高效和个性化的学习体验，有效提高了学习效率和技能掌握的质量。

（二）智能设备对非遗知识的普及与传播作用

非遗文化往往具有很强的地方性和地域性，传统的学习途径使非遗的传播存在一定的局限性。智能设备的普及为非遗知识的传播打开了新的渠道。通过智能设备，学习者不仅可以在不同地点访问非遗文化的数字化内容，还能够通过互联网与其他学习者、非遗传承人进行实时互动和交流。跨地域、跨时空的传播方式，不仅扩大了非遗知识的覆盖面，还促进了不同文化之间的交流与融合。

利用智能设备，学习者可以通过移动应用程序、在线课程等方式接触非遗的理论知识、技艺展示、文献资料等丰富内容，轻松获取专业的教学资源。许多非遗项目的传承者也开始利用智能平台录制教学视频，将自己的技艺展示和文化传承过程通过网络传递给广大的学习者。这种方式突破了传统学习模式的限制，使非遗知识不再局限在某个特定区域进行文化传承，而是能够面向更广泛的受众，推动非遗的普及和多元传播。

（三）智能设备促进非遗学习的互动性和参与感

与传统学习方式不同，智能设备为非遗学习带来了更强的互动性和参与感。通过移动应用程序、VR 和 AR 等技术，学习者可以与非遗内容进行深度互动，甚至参与其中。在学习传统音乐或舞蹈时，学习者不仅可以通过视频观察技艺的演示，还能够通过虚拟设备参与模拟的练习过程，并获得实时的反馈和指导。在这种互动体验中，学习者不再是一个被动接受者，而是成为学习过程的积极参与者。

智能设备还可以提供个性化的学习体验，通过 AI 技术，学习平台能够根据学习者的学习进度、兴趣偏好等，智能推荐相关的非遗项目和学习内容，使每个学习者都能按照自己的节奏进行学习，体验到定制化的学习方案。个性化的学习方式，能够大大提升学习者的兴趣和参与感，使他们在愉悦的学习过程中，更加容易掌握非遗知识和技能。

（四）智能设备辅助非遗传承的数字化保存与创新

智能设备不仅在非遗学习中发挥着重要作用，还在非遗的传承与创新中起着不可忽视的作用。通过数字化手段，非遗的技艺、表演和相关文化内容得到了更加有效的保存。传统手工艺品的制作过程、非遗舞蹈的动作要领、传统民歌的旋律等，都可以通过高清摄像设备、传感器和录音设备进行采集、记录和存储。这些数字化的资源不仅能够长期保存，还能够方便地进行传播和共享。

智能设备还促进了非遗的创新性传承，许多传统技艺通过数字化技术的支持，能够在现代社会中找到新的应用方式。利用 3D 打印技术，学习者可以将传统手工艺品的设计予以数字化，并进行个性化定制和生产，不仅保留了传统技艺的精髓，也为其注入了现代的设计元素。智能设备的多功能性和灵活性，为非遗的创新性发展提供了源源不断的动力。

（五）智能设备与非遗学习的跨界融合

智能设备的应用使非遗学习不再限定于传统的手工艺、表演艺术等领域，还在现代科技、文化艺术等领域实现了跨界融合。比如，在传统建筑艺术的学习中，可以通过 VR 技术，进入古老的建筑结构中进行虚拟探访，了解传统建筑的构造原理和历史文化背景。跨界融合不仅为非遗的学习提供了新的视角，也为非遗的传承与创新带来了新的机遇。

智能设备与非遗学习的跨界融合还体现在教育和娱乐的结合上。将许多非遗项目通过智能设备融入游戏化学习、沉浸式体验等方式中，能使学习过程变得既具有趣味性，又充满教育意义。学习传统戏剧表演时，学习者不仅能通过观看表演来掌握技巧，还可以通过互动游戏来模拟演出，进行角色扮演，进一步加深对非遗文化的理解和体验。这种结合娱乐与教育的学习方式，更能激发学习者的兴趣，增强非遗学习的效果。

智能设备在非遗学习中的辅助作用，不仅改变了传统学习方式，也为非遗的传承与创新提供了强大的技术支持。从实践操作到知识传播，从互动参与到数字化保存，智能设备为非遗学习的各个环节注入了新的活力，将使其更加生动、直观和高效。通过智能设备，非遗学习突破了传统的时空限制，变得更加个性化、互动化和跨界融合化。智能设备的应用，不仅提升了学习者的参与感和体验感，也为非遗文化的保护、传承与创新提供了有力的支持，推动了非遗文化在现代社会中的发展与普及。

二、智能设备促进非遗学习的便捷性

非遗的学习和传承，传统上依赖面对面的教学和长期的技能积累。随着智能设备的广泛应用，非遗的学习方式也发生了显著的变化。智能设备不仅使非遗的学习更加便捷，还进一步拓展了学习的场景和形式。通过移动设备、智能眼镜、AR 和 VR 技术等，可以随时随地学习非遗的相关知识与技能，彻底打破了时间和空间的限制。智能设备的便捷性使非遗的学习更加普及，而且为学习者提供了更加灵活和高效的方式，尤其在现代快节奏的生活中，智能设备成为非遗教育和文化传播的关键工具。借助这些设备，非遗的传承不再是少数人的专利，而成为普惠到更多的人群和区域的文化福利。

（一）智能设备打破地域限制，提供便捷的学习资源

传统的非遗学习往往依赖特定的地域和环境，某些传统技艺只存在于特定的地区，学习者需要亲自前往这些地方进行学习。智能设备的出现，打破了地域上的限制。学习者不再受限于地理位置，而是可以通过移动设备或计算机随时访问与之相关的学习资源。或通过网络平台和应用程序，能够获得高清晰度的视频教程、图文资料、互动课程等丰富多样的学习内容，这些内容可以覆盖全国乃至全球的非遗项目。

某些传统艺术形式，如京剧、昆曲等，通过智能设备可以让学习者观看到来自专家、传承人的演示和指导，甚至是现场的艺术表演。这些资源让无法亲临现场的学习者，依然能够获得高质量的学习体验，极大地降低了地域对非遗学习的制约。通过智能设备，非遗知识可以被更广泛地传播，使更多的学习者可以在任何时间、任何地点，进行非遗的学习和交流。

（二）智能设备优化学习过程，提高学习效率

在传统的非遗学习中，学习者需要花费大量的时间进行实践操作和手工学习，而智能设备通过引入现代技术手段，能使学习过程更加高效。通过智能设备，学习者不仅能够观看教学视频和理论讲解，还能借助 VR、AR 等技术进行交互式学习。通过 VR 技术，学习者可以模拟真实的非遗学习场景，如体验传统手工艺的制作过程，感受真实的操作技巧，这样的体验能够有效地提升学习者对技巧和步骤的理解。

智能设备还能够通过数据追踪和分析技术，监测学习者的学习进度，并根据其学习情况提供个性化的学习建议。在学习传统绘画技艺时，智能设备可以根据学习者的绘画进度和技巧水平，推送适合的练习内容或提供技巧改进建议。通过这种方式，学习者的学习过程得到了更加精细化的管理和支持，提高了学习的效率和质量。

（三）智能设备提供多样化的互动学习体验

智能设备通过多样化的互动方式，增强了非遗学习的参与感和趣味性。通过应用程序和互动平台，学习者可以与非遗文化平台进行深度互动，提升学习体验。AR 技术能够将

虚拟的非遗元素叠加到现实世界中，使学习者在日常生活中就能与传统技艺和文化背景进行互动。在传统的非遗舞蹈或戏剧学习中，学习者可以通过虚拟角色与自身互动，感受角色的动作和情感，从而更加深入地理解和掌握非遗的艺术形式。

智能设备还能够提供实时反馈，帮助学习者及时发现并改正学习中的问题。在传统手工艺的学习过程中，学习者可以通过智能设备与虚拟师傅进行交流，实时获得关于操作技巧、步骤和注意事项的建议。互动学习方式不仅提升了学习的便捷性，也让学习过程更加生动和真实，使非遗学习更加符合现代人的学习习惯和需求。

（四）智能设备支持非遗学习的即时获取与多元化展示

智能设备的便捷性实现了非遗学习内容的即时获取，并且能够以更加多元化的展示形式呈现。在传统学习模式中，学习者通常只能依赖教材、讲解和现场指导，而智能设备通过多媒体展示可将非遗的各个方面以不同形式呈现出来。在学习传统音乐时，学习者可以通过智能设备播放相关的音频和视频内容，查看每个乐器的演奏技巧，理解其在音乐中的作用。学习者还可以通过设备中的互动式界面，进行音乐创作或表演，从而更直观地了解和掌握非遗音乐的技巧与要领。

智能设备还能够支持资源的实时更新与互动反馈，确保学习者在任何时间都能够接触最新的非遗学习内容。通过设备，学习者可以参与在线讨论、虚拟课程、互动交流等活动，与其他学习者和非遗专家共享学习经验，拓宽自己的视野和知识。非遗学习的形式也因此变得更加丰富多样，学习者的需求也能够得到更加精准的满足。

（五）智能设备推动非遗教育的普及与大众化

智能设备不仅提升了非遗学习的便捷性，还推动了非遗教育的普及与大众化。过去，非遗教育多依赖传统的线下课堂和现场学习，这些方式往往局限于特定的群体和地区。随着智能设备的应用，非遗教育不再是少数人的专利，而是能够覆盖更广泛的人群。智能设备通过互联网平台将非遗文化传播给更广泛的受众，不论是偏远地区、经济较为落后的地区还是国外的受众，都能够享受到平等的非遗学习资源。

许多非遗项目已经通过线上平台和智能设备进行了数字化呈现，包括教学视频、数字图书、虚拟实境等形式，这些内容可以帮助学习者深入了解并学习非遗技艺。在这种情况下，学习者不仅获得了文化知识，还能够培养学习传统技艺的兴趣与热情，进而推动非遗的进一步传承与发展。

智能设备在非遗学习中的便捷性，体现了现代技术与传统文化教育的深度融合。通过智能设备，非遗学习能够突破时间和空间的限制，还能够提供更加高效、个性化和互动的学习体验。从地域的突破，到学习效率的提高，再到多元化展示和普及性教育，智能设备的应用极大地改变了传统非遗学习的方式，使学习者能够更加轻松地接触和学习非遗知识。智能设备不仅让非遗文化的传播变得更加便捷和高效，也为非遗的传承注入了新的活力，推动了传统文化在现代社会中的广泛传播。

三、智能设备增强非遗学习的趣味性

传统非遗的学习过程，往往因其传统和严谨的特点，使学习者面对的形式较为单一，容易使人产生枯燥感。随着科技的发展，智能设备为非遗学习注入了新的活力，极大增强了其趣味性。通过 VR、AR、AI 等技术，非遗的学习不仅变得更加互动和直观，还能将传统技艺与现代娱乐元素结合，让学习者在轻松愉快的氛围中接触和掌握传统文化。趣味性的提升，不仅让非遗学习变得更具吸引力，还能够激发年青一代对非遗的兴趣，进而促进其传承和创新。智能设备通过游戏化的元素、互动性增强等方式，让非遗的学习从单纯的知识传授转变为一种更加具有沉浸感的体验，形成了全新的学习模式。

（一）智能设备通过游戏化学习激发非遗兴趣

智能设备的引入，为非遗学习增添娱乐化的元素提供了可能，使学习过程不再仅仅依赖传统的教科书和课堂讲解。通过游戏化学习方式，非遗学习变得更加生动有趣，能有效调动学习者的积极性和参与感。许多非遗学习平台通过设计互动式游戏，使学习者在完成任务和解锁关卡的过程中，逐步学习到非遗的相关知识与技能。通过这种方式，学习者不仅能够深入了解非遗技艺的精髓，还能在互动和挑战中培养自己的兴趣和爱好。

通过智能设备，学习者可以通过游戏的形式模拟传统工艺品的制作过程、传统舞蹈的动作，甚至是古老乐器的演奏。在学习传统陶艺时，学习者通过 VR 技术，能够在虚拟环境中制作陶器，不仅能够掌握陶艺的基础知识，还能够根据自己的兴趣设计独一无二的作品。游戏化的学习方式，使非遗学习不仅具备教育意义，还能够通过竞争和互动激发学习者的乐趣和积极性，促进他们深度参与并持续学习。

（二）VR 技术让非遗学习体验更加沉浸

VR 技术为非遗学习提供了全新的沉浸式体验。学习者通过佩戴 VR 头盔，能够进入一个完全虚拟的非遗世界，身临其境地体验非遗技艺的制作与传承过程。这种沉浸感不仅增强了学习者的参与度，还激发了他们对非遗的好奇心和探索欲。学习者可以在虚拟环境中进行传统手工艺的制作，如木雕、剪纸、织布等，在VR技术的帮助下，通过手部操作完成每一个细节，准确掌握制作技巧。虚拟学习的方式，使学习过程更加身临其境，极大提升了学习的趣味性。

VR技术使传统的非遗技艺和艺术表演得以在虚拟空间中重新呈现。学习者可以通过VR观看古老的戏剧表演、传统舞蹈等艺术形式，并且能够选择不同的视角进行观察。在学习传统戏剧时，学习者可以选择与演员一起参与演出，体验角色的表演，深入理解其中的文化内涵。这种VR技术的应用，不仅使学习者在参与和体验中加深了对非遗的理解，也使非遗学习变得更加有趣和互动，进而吸引更多年轻人参与其中。

（三）AR技术将非遗融入现实生活

AR技术是另一项使非遗学习充满趣味性的技术。通过AR设备，学习者能够将虚拟的非遗元素与现实世界结合，形成一种新的学习体验。在学习传统艺术时，学习者通过手机或AR眼镜扫描实际物品或场景，便可看到与其相关的虚拟信息，如技艺的制作步骤、艺术作品的历史背景等。这种将虚拟与现实结合的方式，极大提升了学习者对非遗的兴趣，使他们能够在日常生活中随时随地进行文化学习。

通过AR技术，学习者不仅能获得传统技艺的知识，还能进行互动式的学习和创作。在学习传统建筑工艺时，学习者可以通过AR设备，扫描一座古老的建筑，立刻就能看到与该建筑相关的文化背景、构造原理以及建筑艺术的特色。同时学习者还可以通过虚拟化的方式，模拟不同的建筑材料和结构，以实践操作的方式理解非遗的制作工艺。富有趣味性的学习方式，不仅能帮助学习者理解传统文化，更能让他们在愉悦的学习过程中提升对非遗的认知和热爱。

（四）智能设备提供个性化的非遗学习内容

智能设备的普及使非遗学习更加灵活和个性化，它能够根据每个学习者的兴趣、需求和进度提供定制化的学习内容。个性化的学习方式大大提高了学习的趣味性和吸引力；通过智能设备上的学习平台，学习者可以选择自己感兴趣的非遗项目，观看相关的教学视频、互动课程，并根据自己的进度进行调整。这种根据兴趣和需求量身定制的学习内容，使学习者能够更加轻松地融入非遗的世界中，增强其学习的积极性。

通过 AI 技术，非遗学习平台能够实时分析学习者的学习行为，并推荐适合他们的学习内容。若学习者对某个非遗项目产生浓厚兴趣，系统会推送更多相关的资料和互动内容，确保学习者能够不断深入学习并保持高涨的兴趣。个性化的学习模式，使学习过程不仅更有趣，也更加富有成效，能够吸引不同年龄段、不同兴趣的学习者参与其中。

（五）智能设备促进非遗学习的社交互动

智能设备的另一个重要功能是增强非遗学习的社交性，通过在线平台和社交媒体，学习者可以与世界各地的非遗爱好者进行互动和交流。非遗学习不再是孤立的过程，而是一个充满互动和分享的社区。学习者可以在学习平台上与其他人分享自己的学习心得、展示自己的创作、参与线上比赛等，这些社交互动不仅增强了学习者的归属感，还促进了非遗文化的传播。

智能设备通过在线社交功能，使非遗学习更加富有趣味性和社会性。学习者在分享和交流中，能够被激发出更多的创作灵感和创新思维，同时也能通过他人的学习经历和分享，获得更多的指导和建议。社交互动的加入，打破了传统学习的单一性，使非遗学习成为一种更加多元化、富有趣味性的社会活动。

智能设备通过 VR、AR、AI 等技术的应用，为非遗学习增添了丰富的趣味性。通过游戏化学习、沉浸式体验、个性化学习内容显现以及社交互动等多样化方式，非遗的学习过程变得更加生动、互动和愉悦。趣味性的提升，激发了学习者对非遗的兴趣和参与热情，促进了传统文化的传播和传承。智能设备不仅为非遗学习带来了更加灵活和便捷的学习方式，也让非遗在现代社会中焕发出新的活力，从而吸引更多年轻人投身其中，推动非遗文化在当代社会的传承与创新。

第四节　媒介工具在非遗传播中的推广促进

一、媒介工具在非遗传播中的角色与功能

随着信息技术的不断发展，媒介工具在社会生活中的作用愈加显著。特别是在非遗的传播过程中，媒介工具的作用尤为重要。非遗的保护和传承，过去常依赖口耳相传、实地教学和现场展示等传统方式。然而，随着社会的进步，尤其是数字化技术的发展，媒介工

具已经成为非遗传播和保护的核心力量。从广播、电视到互联网、社交媒体以及 VR 等新型数字媒介，这些工具都为非遗文化的传播提供了广阔的空间，使非遗文化的传承方式发生了根本性变化。媒介工具通过丰富的传播手段和创新方式，不仅有效地促进了非遗文化的普及，也打破了时空的限制，使更多的受众能够接触这些独特的文化遗产。因此，媒介工具在非遗传播中的角色与功能，不再局限于信息的传递，更在于其深刻的社会、文化影响力，推动了非遗的再创造与现代化传播。

（一）传统媒介工具在非遗传播中的应用与局限

传统的媒介工具如广播、电视以及印刷媒体，在过去的非遗传播中发挥了重要作用。通过这些传统工具，非遗的相关知识和技艺被传播到更广泛的观众群体，尤其是在各类文艺节目和专题报道中，非遗文化得到了有效的展示。例如，电视上的传统文化类节目可以通过影像记录和讲解，让观众直观了解传统艺术、手工艺以及风俗习惯。这种传播形式虽然在一定程度上弥补了传统口传心授的局限，但也存在无法充分展示技艺的动态过程，且传播的深度和互动性较为单一的问题。

传统媒介工具面临着资源受限、受众分布不均等问题，由于广播和电视等传统媒体的受众群体存在地域性差异，非遗文化的传播效果往往受到制约。尤其是在偏远地区，受众无法全面接触非遗文化相关的信息，从而限制了非遗的普及和传承。印刷媒介，如书籍和杂志等，虽然在记录和保存方面具有不可替代的价值，但其传播速度较慢且内容单一，难以满足现代社会对非遗多样化传播需求的要求。结合实际，整理传统媒介工具在非遗传播中的应用及其优势与挑战，如表 4-1 所示。

表 4-1　传统媒介工具在非遗传播中的应用及其优势与挑战

传统媒介工具	应用方式	优势	挑战
电视	纪录片、专题节目、新闻报道	覆盖面广，影响力强	节目制作成本高，周期长
广播	文化广播、专题讨论	可随时随地接收信息，受众广泛	视觉表现有限，吸引力较弱
报纸	专栏、新闻报道、广告	文字表达精准，受众稳定	受众逐渐流失，传播速度慢
杂志	专题报道、文化评论	适合深度报道，专注特定群体	读者群体有限，传播速度慢
书籍	专著、教材、历史文献	深度内容，历史传承	传播速度慢，受众面较窄
海报与宣传单	本地宣传、文化活动推广	易于制作，直接触及本地受众	覆盖面有限，影响力小
展览与讲座	实地展示、专家讲解	互动性强，沉浸感好	地理限制大，受众有限

（二）数字媒介工具推动非遗文化的普及与创新

随着互联网和数字技术的发展，数字媒介工具成为非遗传播的重要载体。这些工具使非遗文化的传播方式得到了全面的革新，传播的广度和深度都得到了极大的提升。互联网平台、社交媒体、视频分享网站等，为非遗文化提供了更为多样化的展示形式，并帮助其突破了传统媒介工具所带来的时空局限。YouTube、抖音等平台成为非遗传承的数字化载体，非遗的影像、音频甚至直播活动都可以通过这些平台广泛传播。通过这些平台，非遗文化不再局限于在特定地域传承，而是能够触及全球的观众。

数字媒介工具的优势不仅体现在传播速度的提高和传播范围的扩展上，还表现在其互动性和参与感的提升上。通过社交媒体，非遗文化的学习者可以与文化传承者进行实时交流与互动，分享自己的学习经验和作品，从而形成一个充满活力的非遗学习社群。互动性促进了文化的动态传承和创新，使非遗在现代社会中焕发出新的生机。数字化的非遗内容可以通过网络平台进行保存和传播，便于更多受众随时进行查阅和学习，有助于非遗的长远保护和创新发展。结合实际，整理数字媒介工具在非遗文化传承中的创新，如表 4-2 所示。

表 4-2　数字媒介工具在非遗文化传承中的创新

数字媒介工具	应用方式	创新点	挑战
社交媒体	文化传播、短视频、直播、社群互动	即时互动、广泛受众、易传播	信息过载、质量控制难度大
VR	沉浸式体验、虚拟展览	直观感受非遗项目，增强体验感	技术成本高，设备普及度低
AR	手机应用、互动展示	增强实景体验，互动性强	技术门槛较高，用户设备要求高
短视频平台	文化内容分享、教学视频、挑战赛	内容形式创新，易于传播和分享	内容同质化严重，需持续创新
数字博物馆	虚拟展览、互动学习、在线讲解	不受地点限制，增强互动与参与感	用户黏性差，需高质量内容支持
移动应用	非遗学习应用、在线教育平台	个性化学习，随时随地接触文化内容	用户参与度较低，内容更新滞后
数字化文档	电子书籍、数字化档案、文献资源库	方便存储和传播，易于查阅	数据存储与管理难度较大

（三）VR 和 AR 技术赋能非遗传播

VR 和 AR 作为新型数字媒介技术，为非遗传播提供了沉浸式和互动性的传播方式。VR 技术可以让受众身临其境地体验非遗技艺的制作过程，甚至参与其中，从而获得更加直观和深刻的学习体验。学习传统工艺的学生可以通过 VR 技术，在虚拟环境中模仿匠人的手工操作，理解每一个细节和技巧。这种高度沉浸的学习体验，使非遗文化不再是抽象的知识，而是通过亲身参与，转化成了具体的感知与理解。

而 AR 技术则通过将虚拟信息叠加到现实世界，创造了一个更加富有层次感的学习和体验空间。通过 AR 设备，受众可以在参观博物馆、文化遗产地等场所时，实时获得相关的非遗文化解说、历史背景以及制作过程等信息。这种结合现实与虚拟的传播形式，不仅让非遗文化的传播更加生动，还增强了其教育性和互动性，使非遗文化的传承变得更加容易接受和理解。

（四）移动端媒介工具助力非遗传播的即时性与普及性

移动端媒介工具，如智能手机、平板电脑等设备，极大地提升了非遗文化传播的即时性和普及性。这些工具让非遗的学习和传播突破了传统媒体的时效性限制，使用户可以随时随地访问和参与非遗文化的传播。通过移动设备，学习者可以通过应用程序、社交平台和视频教程等方式，直接参与非遗技艺的学习。移动端设备支持视频、音频、图文等多种媒体形式的呈现，丰富了非遗的展示内容和传播方式。

移动设备的普及也使非遗文化的传播更加具有社交属性。通过社交网络，学习者可以分享自己的学习成果，交流学习经验，与全球的非遗爱好者共同探讨和交流。广泛的互动性和社交性，使非遗的传播不再是单向的知识传递，而是形成了一个全球化的非遗文化传播网络，促进了非遗文化的创新与发展。

（五）媒介工具对非遗创新传播的影响

媒介工具不仅在非遗的传承和保护中起到了基础性作用，也在推动非遗的创新传播方面发挥了重要作用。通过媒介工具，传统的非遗内容可以被重新创作和呈现，使其更符合当代社会的需求和审美。已有许多非遗项目通过影视作品、数字化展览、互动体验等创新形式，重新演绎并传播传统文化。在这一过程中，媒介工具不仅保留了非遗文化的核心价值，还赋予了其新的生命力，使其能更好地适应现代社会的文化消费和娱乐需求。

媒介工具还为非遗文化的跨界合作提供了更多的可能性。传统非遗与现代艺术、设计、科技等领域的融合，通过媒介工具实现了多元化的传播。非遗项目在与现代技术和创意产业的结合中，产生了许多新的表现形式和创意内容，拓宽了非遗的传播范围和受众群体。传统艺术和手工艺品在数字化平台上的展示，能够吸引更多年轻人关注并参与非遗的传播。创新性的传播方式，使非遗不仅能够得到保护与传承，还能够与时俱进，在现代社会中焕发新的光彩。

媒介工具在非遗传播中的角色与功能，已经从传统的单向传播，发展为多维互动和创新传播的模式。从广播、电视到互联网平台、VR 和 AR 技术，媒介工具为非遗的传播提供了更广泛的空间和更深入的互动体验。它们不仅打破了时空的限制，还增强了非遗文化的教育性和互动性，极大地提高了非遗的普及率与传播效率。在现代社会中，媒介工具已成为非遗传承和发展的不可或缺的力量，为非遗文化的保护、传播与创新提供了有力的支持。

二、新媒体在非遗传播中的创新实践

随着信息化社会的到来，传统媒体逐渐无法满足现代社会对信息传播的需求。在这一背景下，新媒体以其互动性、实时性和普及性迅速占据了文化传播的主导地位。因此，新媒体对非遗传播的影响十分显著，作为承载现代信息技术的传播渠道，新媒体不仅拓宽了非遗的传播途径，也为其创新性传播提供了新的方式[①]。社交媒体平台、短视频应用、直播技术和 VR 等新兴媒体工具，通过打破传统媒介的时空局限，推动了非遗文化传播的互动性和参与感，使更多年青一代能够了解并参与非遗的传承。在这一过程中，新媒体不仅改变了非遗文化的传播形式，还在非遗的传承与创新之间架起了桥梁。下文将探讨新媒体在非遗传播中的创新实践及其在文化传承、创新与普及中的独特作用。

（一）社交媒体平台推动非遗的社交化传播

社交媒体平台，作为新媒体的重要组成部分，已成为非遗传播的重要载体。平台如微博、微信、抖音、快手等，通过其庞大的用户基数和高度互动的特性，为非遗的传播提供了巨大的潜力[②]。通过社交媒体，非遗不仅能够接触更多的观众群体，还能与观众之间建立更紧密的互动关系。许多非遗传承人和文化机构经常通过微信、微博等平台发布关于非遗的知识普及、技艺展示及文化活动的内容，观众可以直接在平台上评论、分享甚至与创作者互动，从而形成一种双向互动的传播模式，有效提高了非遗的关注度和公众参与感。

社交媒体还具备传播速度快、影响力广等特点，能够将非遗内容迅速传播到各个角落，打破了传统传播渠道的地域限制。通过社交媒体，非遗的展现形式不再是单一的文字或图片，而是加入了视频、直播等更加生动的展示方式。许多非遗项目通过短视频平台进行技艺展示，观众可以通过视频直观地看到非遗技艺的操作过程，甚至通过互动形式提出

① 秦煦. 非物质文化遗产在视听新媒体平台的创新传播研究［J］. 视听界，2025（1）：15-19+38.

② 庄文涛. 新媒体在非遗文化保护与传播中的应用［J］. 中国报业，2024（24）：236-237.

问题，获取技术指导。这种社交化传播方式不仅增强了非遗的普及性，也让非遗学习者和传承者之间的联系更加紧密，推动了非遗文化的传承和创新。

（二）短视频应用助力非遗内容的可视化传播

短视频应用的崛起，是新媒体对非遗传播形式创新的另一显著体现。平台如抖音、快手等，通过短小精悍的形式，使非遗内容的传播更加轻松且富有吸引力。短视频不仅能够有效展示非遗的技艺过程，还能通过创新的拍摄手法和创意编辑，使传统文化内容更符合现代观众的审美需求，尤其是年青一代的兴趣。传统的非遗文化，通过短视频应用，能够以更具娱乐性和互动性的方式呈现，从而突破了传统文化传播的沉闷感，提升了其吸引力。

传统工艺、民间艺术、地方戏曲等，已经通过短视频形式广泛传播。传承人在镜头前展示技艺时，不仅讲解工艺的历史和文化背景，还将手工制作、表演等环节融入短视频中，极大地增强了观看者的代入感。短视频的传播形式和社交互动性，使观众不仅是信息的接收者，更成为传播的参与者。通过分享、评论和点赞等互动功能，短视频平台能够迅速积累粉丝扩大传播效果，从而有效提升非遗文化的知名度和社会影响力。

（三）直播技术为非遗传播提供即时性和互动性

直播技术的广泛应用，为非遗的传播提供了即时性和互动性；与传统媒介的单向传播不同，直播技术能够实时向观众展示非遗技艺的操作过程，观众不仅能够观看到传统技艺的现场演示，还能与非遗传承人或专家进行实时互动。在直播过程中，观众可以通过评论、弹幕、提问等方式与主播互动，学习者可以直接向非遗传承人请教技艺、交流学习经验。互动性使非遗传播不再是单向的知识传递，而是一种双向的交流与学习过程。

通过直播，非遗的传播不仅限于静态的展示，还能结合观众的需求进行定制化的内容呈现。在某些非遗传承的直播过程中，观众可以根据自己的兴趣选择学习的内容，如传统舞蹈、木雕艺术或陶艺制作等。实时互动和学习，极大增强了观众的参与感和对非遗文化的兴趣。直播平台通常具备大规模的观众基础，能够迅速将非遗文化传播至广泛的受众，通过线上活动、专家讲解和互动式教学等方式，可进一步扩大非遗文化的影响力和传播效果。

（四）VR 与 AR 为非遗传播带来沉浸式体验

VR 和 AR 技术是新媒体在非遗传播中的又一创新实践。通过这些技术，受众能够从全新的角度体验非遗技艺和文化，打破了传统观看方式的局限性。VR 技术能够通过全景影像和沉浸式体验，使学习者可以身临其境地体验非遗技艺的制作过程。VR 技术让学习者可以进入虚拟的工作坊或文化遗址，模拟传统工艺的制作过程，进行沉浸式的学习。全感官的体验大大增强了学习者的理解和记忆，使非遗学习更加直观、深入。

AR 技术则能够将虚拟信息与现实世界相结合，为受众提供更加富有层次的非遗文化体验。通过 AR 设备，观众可以在参观博物馆或非遗展示场所时，通过扫描实物，获取关于这些传统技艺的背景知识、制作流程及其文化意义等详细信息。这种互动方式，不仅使观众能够在现实环境中进行即时学习，还增加了非遗学习的趣味性和互动性。AR 和 VR 技术的应用，突破了传统非遗展示的静态局限，将非遗文化的传播形式提高至一个全新的水平。

（五）数据分析和算法推荐推动非遗传播精准化

新媒体的另一大特点是其背后强大的数据分析和算法推荐机制。这些机制能够通过分析用户的观看行为、兴趣偏好等数据，为观众推荐更加个性化的非遗内容。在非遗传播中，数据分析不仅有助于提高非遗内容的精准度和传播效率，还能够帮助内容创作者更好地理解受众需求，从而调整传播策略①。通过精准的内容推荐，非遗文化能够更加高效地传递给特定受众群体，从而达到更好的传播效果。

某些非遗学习平台利用大数据和算法推荐机制，能根据用户的学习进度和兴趣，为其推荐相关的非遗项目和课程，使学习者可以更有针对性地进行学习。精准化的传播方式，提高了非遗文化的传播效率，扩大了其受众群体，并增强了学习者的参与感和获得感。

新媒体在非遗传播中的创新实践，极大地提升了非遗文化的传播效能和社会影响力。社交媒体平台、短视频应用、直播技术、VR 和 AR 等新媒体工具，通过其互动性、实时性和个性化特点，为非遗的传播带来了新的突破。这些工具不仅拓宽了非遗的传播渠道，也为其创新传播方式提供了丰富的可能性。新媒体的应用，不仅增强了非遗文化的普及性，还为非遗的传承和创新提供了动力。通过新媒体，非遗不再是封闭和单向传播的文化内容，而是成为充满活力、广泛互动的现代文化实践，推动了非遗在当代社会的传承与创新。

---

① 谈国新，何琪敏. 中国非物质文化遗产数字化传播的研究现状、现实困境及发展路径 [J]. 理论月刊，2021 (9)：87-94.

三、媒介工具在非遗传播中的融合与发展

在现代社会，媒介工具在文化传播中的角色愈发重要，尤其在非遗的传播中，媒介工具不仅承担着信息传递的基本功能，更是推动文化创新与传承的重要驱动力。随着网络信息技术的迅速发展，传统媒介工具与新兴媒介工具的融合，尤其是在数字化和智能化背景下，为非遗的传播注入了新的生命力。非遗已经不再是传统单一的传播模式，而是借助多元化媒介工具实现了跨界融合，推动了非遗文化的普及与创新。无论是电视、广播等传统媒介，还是互联网、社交媒体、VR 等新兴技术，这些工具的有效融合，为非遗文化的传播开辟了全新的路径，增加了传播的深度与广度。在这一过程中，媒介工具的角色逐步从信息传播者转变为文化创新的催化剂。下文将探讨媒介工具在非遗传播中的融合与发展，进一步分析其在非遗文化传承、保护与创新中的作用。

（一）传统媒介与新兴媒介的结合：打破传播壁垒

传统媒介工具如电视、广播和印刷出版物等，在非遗传播中曾起到不可替代的作用。它们曾是非遗传播的主要渠道，通过节目的播出和书籍的出版，将非遗文化传递给更广泛的观众。随着信息技术的进步和互联网的普及，传统媒介单向传播模式的局限性逐渐显现。与传统媒介相比，新兴媒介工具，如互联网、社交平台、智能设备等，具有更强的互动性、即时性和个性化，能够打破时间和空间的限制，极大增强了非遗文化传播的灵活性与普及性。

为此，传统媒介和新兴媒介的融合成为一种最高效的传播途径。通过这种融合，非遗文化能够在更广泛的平台上呈现，覆盖更大的受众群体。传统的非遗节目可以通过互联网视频平台进行二次传播，配合社交媒体的互动功能，增强观众的参与感。在这一过程中，观众不仅是信息的接收者，还能够通过评论、点赞、分享等互动方式，参与非遗的传播和再创造。这种传统与新兴媒介结合的传播模式，使非遗的传播变得更加高效、广泛和互动化。

（二）数字化媒介的创新应用：非遗传播的新动力

数字化技术的发展为非遗传播带来了全新的可能性。通过数字化手段，传统的非遗项目能以视频、音频、3D 模型等形式保存并展示，极大增强了非遗文化的传播效果。数字媒介的应用不仅提高了非遗文化的传播速度，也增强了其表现形式的丰富性和多样性。

VR和AR技术的应用，为非遗的展示和体验提供了沉浸式的学习环境，观众可以在虚拟环境中亲自体验非遗技艺的制作过程，甚至可以参与非遗艺术的创作。这种技术的应用，为非遗传播提供了前所未有的互动性和沉浸感。

数字化媒介的创新应用，不仅有助于传统技艺的保护，还推动了其在现代社会的传播和创新。传统的手工艺品可以通过3D打印技术进行重现，增强了其在市场上的适应性和竞争力；而VR和AR技术则能够使受众更直观地理解非遗文化的历史背景和技艺内涵。数字平台的跨地域传播特性，使非遗文化能够突破传统媒介的地域性限制，向更广泛的观众群体传播，为非遗文化的全球化传播提供了重要支持。

（三）社交媒体与用户生成内容的融合：非遗传播的新模式

社交媒体作为新兴媒介工具，凭借其庞大的用户基础和强大的互动功能，已成为非遗传播的重要平台。社交媒体的互动性和实时性使其成为非遗文化传播中的创新载体，通过这些平台，非遗文化不仅能够快速传播，还能够实现更为多样化和参与式的传播模式。传统的非遗文化往往通过专家讲解或博物馆展示来传播，而社交媒体的互动性让观众不再是单纯的接受者，而是参与者和传播者。学习者通过社交平台发布自己制作的非遗工艺品或表演的视频，能获得反馈并与他人交流，从而激发更多人对非遗的兴趣和参与。

社交媒体的用户生成内容（UGC）特性，进一步推动了非遗文化的传播和创新。用户不仅能分享自己的学习经验，还能够根据个人兴趣和需求创造新的非遗内容。通过视频、图文、直播等方式，非遗的传播不再局限于专业人士和传承人，每个参与者都是非遗的传承者和创新者。社交化传播模式，不仅增强了非遗文化的普及性，也让非遗的传承更加民主化、去中心化。社交媒体平台的这种互动性和分享性，为非遗的创新传播提供了新的动力。

（四）跨媒体融合传播：提升非遗文化的传播效能

跨媒体传播是指通过不同媒介平台的合作与融合，将同一内容以不同的形式和角度呈现给受众。跨媒体融合传播的方式，极大地提升了非遗文化传播的效能。在现代社会，单一的传播渠道已经无法满足复杂的文化传播需求。通过跨媒体的融合，非遗文化能够在多个平台上得到充分展示，从而形成一个强大的传播链条。传统非遗节目通过电视播出后，可以通过视频网站进行视频点播，在社交平台上进行二次传播，甚至可以结合线上展览和虚拟互动等新型方式进行传播，使非遗文化的传播不再局限于单一平台的受众群体。

跨媒体融合传播不仅扩大了非遗文化传播的覆盖面，还增加了传播内容的多样性和深度。通过将传统媒介、数字媒介和社交媒体进行有效结合，非遗传播能够在不同受众群体中产生共鸣，产生更广泛的影响。某些传统工艺的学习内容可以通过电视、互联网视频、社交平台以及线下工作坊等多维度、多形式的传播，帮助学习者更全面、更深入地理解非遗文化，从而提高非遗的传承效率。

（五）技术创新与非遗内容的再创造：媒介工具的双向作用

媒介工具不仅推动了非遗文化的传播，还促进了非遗内容的创新与再创造。随着技术的进步，非遗的传播方式和表现形式发生了根本性变化。VR、AR、AI 等技术的应用，不仅为非遗的展示和传播带来了新的可能性，还为非遗内容的创新和再创造提供了新的空间。通过 VR 技术，观众可以身临其境地体验传统的手工艺制作过程，甚至可以参与其中，创作出自己的作品；而 AI 技术则可以模拟传统技艺的操作过程，为学习者提供个性化的学习建议和反馈，增强学习效果。

媒介工具的双向作用，不仅帮助非遗文化突破了传统传播方式的局限，还为其带来了更多创作和创新的空间。通过社交媒体的互动和反馈机制，非遗创作者可以得到来自观众和学习者的建议和灵感，推动非遗内容的再创造。这种双向的互动传播模式，不仅促进了非遗文化的创新，也提高了非遗在现代社会中的适应性和传播力。

媒介工具在非遗传播中的融合与发展，极大地推动了非遗文化的创新与传承。传统媒介与新兴媒介的结合、数字化技术的创新应用、社交媒体的互动性和用户生成内容、跨媒体传播的效能提升以及技术创新与非遗内容的再创造等，都为非遗传播注入了新的活力。这些媒介工具不仅改变了非遗的传播形式，也促进了其在现代社会中的再创造，使非遗文化能够在全球范围内得到更广泛的传承与保护。媒介工具的有效融合和发展，不仅提升了非遗文化的传播效能，也为非遗文化的创新与再生提供了更加坚实的支持。

第五章　非遗“嵌入”现代生活的智慧模式

第一节　非遗智慧与现代生活的融合路径

一、非遗元素在现代设计中的创新应用

非遗作为人类文化的重要组成部分，承载着丰富的历史记忆和传统智慧。随着时代的变迁，非遗不仅是文化的展示和传承，更可以成为现代设计创新的重要元素。非遗元素的创新应用，能够增强现代设计的文化深度，为产品和服务赋予独特的文化价值。在现代设计领域，非遗的价值不仅体现在艺术性和象征性上，更在于其与当代审美、科技和市场需求的深度融合中。非遗元素如何在现代设计中得以创新应用，成为设计领域的重要课题。下文将深入探讨非遗元素如何在现代设计中实现创新应用，分析其在产品设计、视觉艺术、空间设计等方面的实践价值，并探讨其为现代设计带来的文化内涵与社会意义。

（一）非遗元素在产品设计中的创新应用

非遗元素在现代产品设计中的应用，首先体现为对传统技艺的现代诠释。在现代产品设计中，设计师通过对非遗元素的再创造，使之能适应现代消费者的需求和审美。传统工艺，如手工刺绣、木雕、织布技艺等，通过与现代材料和技术的结合，成功地在现代产品中实现了创新性转化。在现代家居产品设计中，设计师通过对传统布艺技艺的再造，并融入现代流行的简约风格，不仅保留了传统艺术的精髓，还赋予了其新的功能与美学价值。

非遗元素还能够为产品设计增添独特的文化符号和情感价值。许多现代品牌通过融入具有深厚文化内涵的非遗元素，打造出了具有文化认同感和情感共鸣的产品。一些时尚品牌在其服饰设计中融入了传统刺绣或纺织技艺，使其不仅是衣物的展示，更是文化身份的体现。这种设计在满足消费者对于个性化和文化深度需求的同时，也在国际市场中展现了本土非遗文化的独特魅力。

在功能性与美学的结合方面，非遗元素的创新应用往往能够打破传统设计思维的局限，推动功能与艺术的完美融合。传统工艺的设计理念和技法，在现代科技与材料的助力

下，往往能够创造出具有高度创新性和实用性的产品。例如，利用传统陶艺技法制作的现代厨具，在保持传统工艺的精细与美感的基础上，能够满足现代厨房的使用需求。

（二）非遗智慧在日常生活场景中的创新应用

非遗智慧在日常生活场景中的创新应用，不仅包括物品和产品的设计，还包括了生活方式和行为习惯的转变。在现代社会中，非遗智慧通过创新的形式与现代生活方式相结合，影响着人们的日常行为和生活方式。以饮食文化为例，传统的非遗饮食智慧不仅在餐桌上得以传承，还通过创新的方式，成为现代饮食文化的主流。传统的中式烹饪技艺，在现代家庭厨房中得到现代化的诠释，不仅保留了其原有的烹饪技巧，也通过科学的烹饪设备和优化的食材处理方法，提升了其健康性和便捷性。这种传承与创新的结合，不仅满足了现代人对健康和效率的需求，也使传统饮食文化在现代生活中焕发出新的活力。

非遗智慧的渗透还体现在现代居住空间和公共设施的设计中，许多传统文化元素在居住环境的设计中得到了应用，使居住空间不仅具有现代化的舒适性，还能够传递出深厚的文化底蕴。在一些公共建筑和居住区的建筑设计中，非遗元素如传统的园林景观设计、建筑装饰等被加以巧妙运用，使其既具有美学价值，又能提升空间的文化认同感。在这些设计中，非遗元素不仅作为装饰性元素存在，更通过功能性与审美性的结合，成为居住空间的重要组成部分。

（三）非遗文化与现代科技的融合创新

非遗文化与现代科技的融合创新，成为推动传统文化现代化的关键路径。随着科技的发展，传统的非遗技艺不再仅仅依赖人工操作，而是通过现代化的技术手段得到了提升和再创造。在这一过程中，现代科技为非遗文化的创新应用提供了广阔的空间。通过数字化技术，传统技艺能够以更加精准和高效的方式传承和再现。数字化刺绣、激光雕刻等技术使传统的手工技艺不仅在速度和精度上得到提升，还能够通过批量生产满足市场的需求。3D 打印技术的应用，使传统工艺品在创作过程中具有了更高的自由度和可塑性，既保留了传统工艺的精神，也为其赋予了现代的创新元素。

在一些现代艺术和产品设计中，非遗文化与现代科技的融合不仅是技术手段的应用，更是设计理念的突破。通过将传统的非遗元素与现代科技结合，设计师能够在更加自由和多元的创作空间中，探索出新的艺术表现形式和创作路径。一些现代艺术作品中，通过 VR 或 AR 技术，将传统的非遗艺术作品呈现出更加立体和互动的效果，使观众能够更加深刻地体验和理解传统文化的内涵。

非遗元素在现代设计中的创新应用，既是对传统文化的一种传承，也是对现代生活的积极改造。通过对传统技艺和文化符号的现代诠释，非遗元素不仅丰富了现代设计的内容，还赋予了现代生活更深厚的文化底蕴。从产品设计到日常生活场景的渗透，再到非遗文化与现代科技的融合创新，非遗元素的应用展现了其巨大的文化价值和社会效益。现代设计不再只是单纯的技术创新，更是文化创新的体现，非遗智慧的创新应用为现代生活带来了新的活力和可能性。

二、非遗智慧在日常生活场景中的渗透

非遗是承载着人类传统智慧和历史记忆的宝贵财富，在现代社会中，非遗不仅是文化的传承，它的智慧也能够渗透到日常生活的各个层面，影响人们的生活方式、消费习惯以及审美情趣。随着社会的不断进步和人们生活水平的提高，非遗的传承方式也发生了变化。传统的非遗元素和技艺，已经不再局限于博物馆或者文化遗产保护的范畴，而是逐渐融入现代日常生活的各个场景中。在家居生活、饮食文化、公共空间等多个领域，非遗智慧的渗透不仅体现在物品的外观设计中，更体现在实际生活中的功能性和实用性上。下文将深入探讨非遗智慧如何在日常生活中进行渗透，并分析其在各个生活场景中的创新应用和深远影响。

（一）非遗智慧在家居生活中的创新应用

非遗智慧在家居生活中的创新应用，表现为传统工艺和文化元素在现代居住空间中的巧妙融合。在家居设计中，传统工艺如木工、陶瓷制作、织锦等技艺被现代设计师重新诠释，并巧妙地融入现代家居的装修、家具和装饰品中。许多传统的手工艺品，如手工雕刻的木家具、手织的地毯以及陶瓷器皿等，都展现出非遗智慧在家居生活中的巨大价值。这些作品不仅传承了传统工艺的精髓，还经过现代设计的改造，使其更符合现代人的审美和使用需求。通过这种方式，非遗元素成为家居生活的一部分，为现代家庭空间增添了文化的深度和独特的情感价值。

非遗智慧在现代家居设计中的应用不再局限于传统工艺品中，还体现在对空间布局和装饰风格的设计中。结合传统园林文化的室内绿植布局、利用风水理念优化空间结构等，都能够增强家庭生活的舒适性和文化气息。这些传统智慧不仅是对美学的追求，更注重人居环境的和谐与功能性，体现了非遗智慧在现代家居中的综合价值。

（二）非遗智慧在饮食文化中的渗透与创新

饮食文化是非遗智慧的重要组成部分，传统的烹饪技艺和饮食习惯，不仅反映了历史和地域的特色，也蕴含着丰富的文化内涵。在现代社会中，非遗饮食智慧的渗透体现在现代饮食方式与传统烹饪技巧的融合上。许多传统的烹饪技艺，如蒸、煮、炖、烤等，都通过现代化的烹饪工具和设备得到了优化和创新。这些传统的烹饪方式，不仅能够保持食物的原味，还能更加健康、快捷地满足现代人的饮食需求。非遗饮食智慧不仅体现在烹饪技法的传承上，更体现在食材的选择与调配上。将传统中医药学中的食疗理念与现代营养学相结合，可创造出更加符合现代人健康需求的饮食方案。

非遗饮食文化还在现代餐饮业中展现出独特的市场价值，越来越多的餐饮品牌开始注重传统饮食文化的传承和创新，通过将非遗饮食元素融入现代餐饮服务中，既提升了餐品的文化内涵，又满足了消费者对特色餐饮的需求。这种结合不只在中国的传统餐饮中得到了应用，在全球范围内，许多餐饮品牌通过引入传统饮食元素，打造具有地域特色的餐饮文化，积极推动了传统饮食文化的全球传播和市场化进程。

（三）非遗智慧在公共空间设计中的应用

非遗智慧的渗透不仅限于私人领域，在公共空间的设计中也同样展现出巨大的价值。在城市规划和公共空间设计中，非遗元素被用来提升空间的文化氛围和视觉吸引力。通过在公共建筑、街区景观以及文化设施中融入非遗元素，设计师能够创造出具有文化认同感和地域特色的空间。传统的园林设计理念、古建筑装饰技法以及传统雕刻艺术等，都可以作为公共空间设计的灵感来源。这些非遗元素既能增强空间的艺术感和文化感，也能够提升人们在公共空间中的文化认同和归属感。

非遗智慧在公共空间的应用，不仅停留在表面的装饰和设计层面，还体现在空间功能的优化和使用上的创新。通过借鉴传统建筑的空间布局和使用方式，现代公共空间能够更加注重人与环境的和谐互动。传统的院落式建筑通过设计独特的开放式布局，能够让人在空间内自由流动，增强人们的社交性和交流感，这一设计理念在现代城市公园和社区公共空间中得到了广泛应用。非遗智慧的渗透使公共空间的设计不仅是功能性的实现，也成为文化和历史的载体，提升了空间的深度和价值。

（四）非遗智慧在日常消费品中的渗透

随着消费者对文化内涵和个性化产品需求的增加，非遗智慧开始渗透到日常消费品的设计中。无论是衣物、饰品还是日用器皿，越来越多的现代品牌开始注重将传统非遗元素融入商品。这些消费品不仅具有实用性，还通过非遗元素的融入，传达出深厚的文化价值和情感认同。例如，一些时尚品牌通过将传统刺绣、织布等工艺融入现代服饰设计，创造出具有独特文化气息的时尚作品，既保留了传统工艺的精致，又契合了现代消费者对于个性化、独特性和文化内涵的追求。

非遗智慧的渗透也使一些日常消费品具备了更多的文化象征意义，消费者购买的不仅是产品本身，还包括其背后的文化故事和历史传承。这种基于非遗智慧的消费品设计，不仅丰富了市场产品的多样性，也促使现代消费文化向更加注重文化深度和情感价值的方向发展。

非遗智慧在日常生活场景的渗透，展现了传统文化在现代社会中的多重价值。从家居生活到饮食文化，从公共空间到日常消费品，非遗元素的创新应用不仅提升了现代生活的文化深度，也丰富了人们的生活体验。这种渗透不仅是在物品和空间上的设计革新，更是一种文化认同的强化和情感联系的建立。通过非遗智慧的应用，现代人能够在繁忙的都市生活中感受到传统文化的温暖与深邃，形成更加多元和丰富的生活方式。非遗智慧在现代生活中的渗透，不仅是对传统文化的继承，也是对当代生活需求和审美趣味的回应，体现了传统与现代、文化与创新之间的和谐融合。

三、非遗文化与现代科技的融合创新

非遗文化作为民族历史的沉淀和智慧的象征，具有独特的价值和深远的影响。随着现代科技的迅速发展，传统非遗面临着保护与传承的压力。如何将非遗文化与现代科技结合，既能保持其独特性，又能适应当代社会的发展需求，成为一个亟待解决的重要问题。科技为非遗文化的创新和传播提供了新的机遇，从数字化、智能化到 VR 和 AR 等技术的应用，现代科技不仅为非遗文化的保存提供了技术支持，也为其在现代社会中的复兴开辟了新的道路。非遗文化与现代科技的融合，不仅是文化传承的创新形式，更是推动传统文化走向未来的关键途径。

（一）非遗文化的数字化转型

数字化技术的快速发展为非遗文化的保护和传承提供了前所未有的机遇。数字化转型是现代科技与非遗文化融合的重要途径之一。通过数字化手段，非遗文化可以实现更为广泛的保存与传播。影像资料、音频记录以及三维扫描技术的应用，使传统工艺、表演艺术和语言文字得以生动、立体地保存下来。尤其是在一些即将失传的传统艺术形式中，数字技术发挥了极其重要的作用。通过建立数字档案库，非遗文化不仅能够实现更长时间的保存，还能避免因人为损害而造成遗失。数字化使非遗文化的传播不再受到时间和空间的限制，广大的受众群体可以通过互联网、社交平台等途径更加便捷地接触这些文化资源，增强了其普及性和影响力。

数字化转型并非全无挑战，非遗文化的数字化处理需要遵循严格的标准，确保文化的原貌和价值不被扭曲。在这个过程中，技术人员、文化学者以及传承人需密切合作，确保每一项文化元素都能够得到精确记录，并且能够反映出其深层的文化含义。随着数字化技术的普及，如何确保文化传承中的知识产权问题也成为亟待解决的课题。数字化技术在为非遗文化带来便捷的同时也给保护工作带来了新的难题，如何平衡技术应用与文化本身的尊重，仍然是一个值得深入探讨的问题。

（二）非遗文化的智能化应用

随着 AI 和机器学习技术的发展，非遗文化的智能化应用逐渐成为现代科技与传统文化融合的另一重要方向。AI 不仅可以在非遗的传播和教育中发挥作用，还能够在创作和创新方面为传统文化注入新活力。传统的非遗艺术形式如剪纸、刺绣、陶艺等，往往依赖手工制作，而 AI 技术通过机器学习，可以在一定程度上模拟传统技艺，实现快速、高效的生产。

智能化机器的运用使传统手工技艺能够在保持传统风貌的基础上，提高生产效率和作品的一致性。在一些非遗行业中，智能化应用还可以进行创作与设计的辅助。以传统织布工艺为例，智能化软件可以根据历史文献、图案库等，自动生成符合传统风格的设计草图，不仅提高了生产效率，还帮助传统工艺在现代社会中找到新的生机。智能化系统还能够在非遗教育领域提供辅助作用。通过虚拟学习平台和 AI 辅导，学习者可以在模拟环境中体验传统文化的精髓，甚至通过智能分析与反馈，帮助学习者提高技艺。

非遗文化的智能化应用也存在一定的局限性，技术虽然可以在一定程度上模仿和再现传统技艺，但机器无法完全替代人类的创造力和情感表达。智能化技术应当成为传统文化创新的工具，而不是手工技艺的完全替代者。如何在智能化进程中保持非遗文化的原创性和独特性，依然是值得关注的重要课题。

（三）非遗文化与VR和AR技术的结合

VR和AR技术是近年来最具创新性的科技手段之一，其在非遗文化中的应用展现出了巨大的潜力。这些技术不仅为非遗的展示和传承提供了新的方式，也打破了传统非遗展示局限于物理空间的限制。通过VR技术，观众可以沉浸式地体验到传统工艺制作的过程、民间故事的讲述及其背后的历史文化背景。VR技术能够通过三维建模、动态显示等手段，重现传统技艺的工艺流程，甚至让用户参与其中，从而激发公众对非遗文化的兴趣和参与感。

利用VR技术，可以将传统的节庆活动和民俗仪式以全景形式展现给观众，观众不仅能看到节庆场景，还能够感受到其中的氛围和互动性。AR技术则可以通过智能设备，将传统非遗项目与现代生活场景相结合，使观众能够在日常生活中通过AR设备，实时获取非遗文化的相关信息和背景。这种方式不仅增强了非遗文化的普及度，也让人们能够更直观地理解和体验这些传统文化的独特魅力。

VR与AR的应用也面临着技术和文化深度结合的挑战，VR技术所呈现的只是传统文化的一部分，而无法全面展示非遗文化的深厚底蕴。如何在技术的呈现下保持文化的原汁原味，是科技与非遗文化结合过程中不可忽视的问题。

现代科技的不断进步为非遗文化的保护、创新和传播提供了前所未有的机遇。数字化、智能化以及VR等技术的应用，极大地推动了传统非遗智慧与现代生活的融合。科技应用与非遗文化的结合并非没有挑战，如何平衡技术创新与文化保护，如何保证非遗文化的传承不被技术的快捷性所扭曲，仍然需要细致的研究与探索。非遗文化与现代科技的融合创新，必将推动传统文化在当代社会中的繁荣和持续发展，为未来的文化传承开辟出更加广阔的空间。

四、非遗智慧与现代生活的融合

（一）日本传统染织技艺与现代时尚产业的结合

日本的传统染织技艺，特别是“绞染”和“蓝染”技术，拥有数百年的历史。这些技艺所织成的布料曾经在日本国内外享有盛誉。随着现代生产方式的普及，传统染织技艺逐渐淡出市场。为阻止这些技艺的衰退，日本的一些染织企业采用了非遗智慧模式，将传统染织工艺与现代时尚产业结合，推动了传统技艺的创新和产业化。

传统的蓝染技术与现代时尚设计结合，推出了融合传统和现代元素的时尚服装和配饰。这些传统染织工艺通过与现代服装设计的结合，创造出了独特的视觉效果和文化价值，使传统技艺不仅在日本市场上焕发了新生，还打入了国际时尚圈。这种跨界合作让传统染织技艺适应了现代消费者的审美需求，既保留了技艺的精髓，又赋予其现代气息。

日本的一些设计师还将蓝染技术与现代家居产品结合，推出符合现代家居风格的蓝染床品、窗帘、地毯等家居用品。通过现代设计理念的加入，传统染织技艺得以创新，使这些产品既具有浓郁的传统文化底蕴，又符合现代生活的实用需求。

（二）中国传统中医药与现代医学的结合

中医药作为中国传统的非物质文化遗产之一，拥有着丰富的知识体系和治疗方法。随着现代医学技术的发展和西方医学理论的引入，中医药面临着传承和创新的挑战。为了确保这一传统知识的活力和广泛应用，许多中医药企业和科研机构开始探索非遗智慧模式，将中医药与现代科技相结合，推动中医药文化的创新发展。

中国的部分中医药企业通过引入现代生物技术，研发出基于传统草药的药物产品。这些产品不仅保留了传统草药的有效成分，还结合现代制药技术，使中医药产品的疗效得到了更加科学和精确的验证。通过临床试验和数据分析，这些中医药产品在国际市场上得到了广泛的认可和应用。

现代科技如 AI 和大数据技术也被应用于中医药领域，通过建立庞大的中医药数据平台，医生可以根据患者的健康数据和病历，通过 AI 技术进行诊断和治疗方案的制定。这一创新性应用，不仅增强了中医药的现代化特征，也提升了其在全球医疗领域的影响力。

（三）印度传统草药与现代生物科技的结合

印度的传统草药有着几千年的历史，广泛应用于日常的治疗和保健中。随着西方药物的普及，印度传统草药的使用面临着被现代医学边缘化的风险。为了保护这一传统知识并推动其现代化应用，印度的科研机构和企业开始将传统草药与现代生物技术结合，开发新型草药产品，推动了印度草药产业的创新发展。

印度的一些企业通过现代生物技术提取传统草药中的活性成分，并将其应用于现代药物开发。通过与现代医学和生物技术的结合，印度传统草药不仅在治疗效果上得到了进一步验证，还成功开发出了针对现代疾病的草药药物，拓宽了草药在全球市场的应用范围。

印度还通过数字化平台和移动应用，推动传统草药知识的传播。通过线上平台，全球用户可以轻松获取传统草药的使用方法、成分分析和最新的科学研究成果。这种方式不仅帮助草药产业打开了全球市场，也使传统草药文化得到了更广泛的传播和应用。

（四）中国传统饮食文化与现代餐饮业的结合

中国的传统饮食文化，作为非物质文化遗产之一，深刻影响着中国乃至全球的餐饮文化。现代快餐文化的兴起，使许多传统饮食文化和烹饪技艺面临着衰退的困境。为了在现代生活中保留和传播传统饮食文化，中国的餐饮业开始通过非遗智慧模式，将传统饮食文化与现代餐饮业需求相结合。

传统的粤菜和川菜，在保留其经典的烹饪方法和特色的同时，逐渐与现代化的餐饮方式结合，创造出符合现代消费者需求的菜品。这些传统菜品在保留传统风味的基础上，注重健康、营养搭配和便捷性，使其更加适应现代快节奏的生活方式。

一些餐饮企业还通过创新的营销手段，推动传统饮食文化的传播。传统的宫廷菜肴和地方小吃通过社交媒体和网络平台进行宣传，使传统饮食文化得到了更广泛的关注。通过非遗智慧模式，传统饮食文化不仅得到了有效保护，还与现代餐饮业的需求紧密结合，为消费者提供了更加丰富的文化体验。

（五）中国传统手工艺与现代消费品的结合

中国的传统手工艺，如刺绣、竹编、漆器等，具有深厚的文化底蕴和艺术价值。随着现代生产方式的普及，传统手工艺逐渐失去了市场份额。为了让这些传统技艺焕发新生，一些手工艺企业通过非遗智慧模式，将传统工艺与现代消费品相结合，推动传统手工艺的产业化和市场化。

传统的刺绣技艺与现代服装设计结合，创造出具有民族特色和现代感的时尚服饰。传统的竹编技艺与现代家居设计结合，推出符合现代家庭需求的竹制家具和装饰品。通过现代设计理念和市场需求的结合，传统手工艺不仅实现了产业化，还为传统技艺的传承提供了新的发展空间。

这些创新产品不仅具有实用价值，还融入了文化和艺术的元素，使其在市场中占据了一席之地。通过非遗智慧模式，传统手工艺成功突破了传统的局限，进入了现代消费市场，成为具有文化价值的现代商品。

第二节　非遗智慧模式的构建与实施

一、非遗智慧模式的定义与特点

非遗智慧模式是指将传统非遗中的智慧、技术和理念，运用到现代生活的各个领域，并以创新的方式提升其社会、文化及经济价值的融合形式。这种模式不再仅仅是对非遗元素的简单传承或复原，而是通过与现代技术、设计等的结合，赋予传统文化新的生命力。非遗文化不再局限于历史遗存，而成为现代社会的重要组成部分，能够为现代生活提供智慧和解决方案。非遗智慧模式是一种跨学科、跨领域的综合性创新，它结合了传统与现代，实践与理论，文化与科技，旨在推动传统文化的可持续发展，并加强其在当代社会的认同感与影响力。

（一）非遗智慧模式的核心定义

非遗智慧模式并非单纯的传统文化复兴，而是在尊重和传承非遗文化的基础上，通过现代科技、设计理念的嵌入，使其能够适应现代社会需求。这一模式体现了非遗智慧在现代生活中的运用，其核心特征是文化的创新转化，而非原封不动的保存。通过这种模式，非遗文化的传统元素得到了赋能，使其能够融入当代社会的各个方面，从文化艺术、日常用品到现代服务业，非遗文化在这些领域中都将发挥着重要作用。

在非遗智慧模式下，传统技艺与现代科技、商业运作相结合，通过数字化、智能化手段，使传统工艺与现代生活更加紧密地联系在一起。传统手工艺品的数字化建模，使其在全球范围内得以传播；基于大数据分析的市场需求预测，使非遗产品设计更加符合现代消费者的需求。非遗文化不再局限于历史文物和民间传说，而是在现代社会中找到了新的价值和意义。

（二）非遗智慧模式的特点

非遗智慧模式具有多重特点，它强调创新转化。在这一模式中非遗的传承不仅是保留原有的形式，更重要的是在传统文化中找到现代社会的需求和解决方案。这种创新转化的过程需要综合考虑技术、文化和市场需求的多方面因素。非遗智慧模式也注重融合性。它不仅涉及非遗文化的传承，还包括与现代科技、设计理念的深度融合。这种融合使传统文化可以通过新的表达方式和技术手段在现代社会中重新焕发活力。

非遗智慧模式具有社会性和多元性，它不仅涉及文化艺术的传承，还与社会经济发展、教育普及等多个领域密切相关。非遗智慧模式还强调共享性，它通过数字化平台、VR 技术等手段，使更多的人能够参与非遗文化的学习和传承，填平了文化传承的代际鸿沟，使非遗文化的价值能够被更广泛的受众群体认知和体验。

（三）非遗智慧模式的文化传承功能

非遗智慧模式的另一个重要特点是文化传承功能。传统非遗文化的传承面临着很多困难，其中包括后继乏人、技术失传等问题。非遗智慧模式通过现代技术手段，解决了这些问题。在数字化和 VR 技术的支持下，传统工艺和艺术形式得以精准保存并传递给下一代。借助现代科技手段，非遗的制作过程能以更加生动、直观的形式呈现出来，增强了观众的体验感和参与感。

非遗智慧模式不仅依赖技术，还关注传统工艺技艺的原生体验和社会实践。通过与现代生活的结合，非遗文化得以延续并在现代生活中找到了实际应用场景，这为非遗的传承提供了更为广阔的空间和可能。非遗文化在现代设计中得到了创新应用，传统图案、色彩和工艺成为现代产品中的重要设计元素，在创造经济价值的同时，也使传统文化在当代得到生动体现。这种形式的文化传承不仅可以延续传统技艺，还能赋予其新的生命力。

非遗智慧模式是一种文化创新的实践模式，它不仅使传统非遗文化得到了有效的传承和保护，还通过创新与融合，为现代社会提供了新的解决方案。该模式的核心在于创新转化与社会融合，其特点在于文化的多维应用和经济效益的双重提升。在全球化和现代化的背景下，非遗智慧模式为传统文化的持续发展开辟了新天地，也为传统与现代的深度融合提供了可行的路径。通过这种模式，非遗文化不仅能够在现代社会中继续存在，还能够在全球化的文化交流中扮演更为重要的角色，推动文化多样性和全球文化共同发展的进程。

二、非遗智慧模式的实施框架

非遗智慧模式作为传统文化在现代生活中再造和创新的实践方式，其实施框架的构建是保障非遗文化顺利融入现代社会的重要途径。实施框架不仅关乎技术和市场，更涉及政策引导、文化保护、产业创新等多个层面。在实际操作中，非遗智慧模式的实施框架应当结合当地文化特色、经济发展水平以及社会需求，通过科学合理的规划与步骤，有效地推动传统文化的创新转化，使其能够适应现代社会的需求。这个框架的构建需要跨学科的整合，强调政府、企业、学术界以及文化传承者的密切合作，确保非遗文化在新的社会环境中得到最大程度的保护、传承与发展。

（一）非遗智慧模式的政策支持与制度保障

非遗智慧模式的成功实施离不开政策的引导与制度的保障，政策的支持可以为非遗文化的传承提供资金和资源保障。许多国家和地区的政府已经意识到传统文化的重要性，开始制定相关政策，推动非遗文化的保护与传承。而在非遗智慧模式的实施过程中，政策层面的支持尤为关键。政策应当从多个角度出发，涵盖非遗文化的保护、技术创新等方面，以提供多元化的支持；应当强调非遗文化的多元性与包容性，为不同形式的非遗文化提供适当的支持。针对不同地区、不同文化背景的非遗文化，需制订差异化的政策方案，以便最大限度地发挥每种非遗智慧的独特价值。

（二）非遗智慧模式的技术支持与创新驱动

非遗智慧模式的实施不仅需要传统工艺和文化的传承，还必须依赖现代科技的支持与创新。技术手段的引入，为非遗文化的保存、转化和创新提供了强大的动力。随着数字化、智能化等技术的发展，非遗文化得到了前所未有的机会。在实施框架中，技术支持的核心任务是通过现代科技手段，对传统工艺进行精准的记录与再现，同时将非遗文化在设计、产品开发等领域中的应用与创新推向更广阔的空间。

数字化技术可以通过图像、音频和视频的方式，为传统艺术形式提供完整的记录，为其后续的传承提供基础。以传统手工艺品为例，三维扫描技术可以将其精细的纹理与结构进行数字化保存，使传统技艺得以永久保存而不受外界环境的影响。VR 与 AR 技术的应用，可以为非遗文化的展示提供沉浸式体验。观众不再是单纯的旁观者，而是通过技术手段参与非遗文化的创作和演绎过程，这种互动性增强了非遗文化的传播效果。

创新驱动则体现在非遗文化与现代设计、科技的结合上，通过与时尚设计、工业设计等领域的结合，传统元素可以在保留其文化内涵的同时，赋予现代产品新的生命力。传统的图案和符号可以通过现代化的材料和工艺手段，转化为日用产品的装饰元素，使传统文化不仅在高端艺术品中得到应用，也能融入日常生活，增强其现代价值。

三、非遗智慧模式的评估与优化

非遗智慧模式的逐步实施，在推动传统非遗与现代社会的融合中起到了积极的作用。

非遗智慧模式的有效性和可持续性，需要通过科学评估和持续优化来保障。非遗智慧模式的评估不仅涉及文化价值的传承与创新，还需要考虑市场接受度、社会影响力以及经济效益等多方面因素。评估与优化的目标在于发现潜在的不足，对模式进行调整与改善，以确保非遗文化能够在现代社会中得到更好的传承和发展。通过对非遗智慧模式实施效果的细致分析，可以为其进一步的推广和优化提供理论支持和实践依据。评估与优化的过程是一个动态的循环过程，需要专业的文化学者和技术专家的参与，也需要各方利益相关者的共同努力。

（一）非遗智慧模式的评估指标体系

非遗智慧模式的评估首先要建立一套完善的指标体系，评估的指标应当涉及多个维度，包括文化价值的保持、技术应用的效果、社会影响力的扩大、市场需求的满足等。文化价值的保持是非遗智慧模式评估的核心，因为非遗文化的独特性和历史性是其最为宝贵的资产。评估的首要任务是检查非遗文化在转换过程中是否仍能保留其原有的文化内涵和精神实质。通过对比传统形式和创新形式，可以判断传统文化在现代转化中的真实效果。

技术应用效果是另一个重要评估维度，在非遗智慧模式下，现代科技的引入对传统文化的保存和创新至关重要。评估应关注数字化、智能化技术在非遗文化传播中的应用效果，通过 VR、AR 等技术，非遗文化的呈现是否更加生动、互动性是否增强。同时，还要评估这些技术手段是否能够提高非遗文化的传播效率，并促使其在更广泛的受众中产生影响。

社会影响力的评估主要关注非遗智慧模式对社会文化认同的促进作用。非遗文化的价值不仅体现在文化本身，还体现在其如何影响社会的文化认同和集体记忆。通过对社会文化认同的调查和反馈，可以评估非遗智慧模式是否能够增强公众对传统文化的认同感与自豪感。

（二）非遗智慧模式的评估方法与工具

评估非遗智慧模式的实施效果，需要采取科学、系统的方法。传统的定量评估和定性评估相结合，可以全面了解非遗智慧模式的实际表现。定量评估主要包括对非遗产品销售数据、市场份额、品牌价值等经济指标的测量。还可以通过社会学调查、文化传播统计等手段，量化非遗文化的传播范围和受众反馈。

定性评估则侧重于对非遗文化价值的深入分析和对非遗创新模式的全面审视。通过深度访谈、专家评审、文化批评等方式，了解非遗智慧模式在传统文化的再现、创新转化和社会影响等方面的实际效果。定性评估有助于识别非遗智慧模式在实施过程中可能存在的问题，并为优化提供具体的改进方向。

随着信息技术的进步，一些新兴的评估工具也为非遗智慧模式的评估提供了便利。大数据分析工具可以帮助评估者对非遗产品的市场表现进行深入分析，从消费者行为、市场需求等方面获取有价值的信息。通过 AI 和机器学习技术，还可以对非遗智慧模式的实施效果进行动态监测，识别其中的潜在问题，为及时优化提供支持。结合定量、定性评估和新技术工具，非遗智慧模式的评估将更加全面、准确。

（三）非遗智慧模式的优化路径

非遗智慧模式的优化是一个动态过程，需要根据评估结果不断进行调整和完善。在优化过程中，既要保持非遗文化的核心价值，又要确保其与现代社会需求的契合。优化路径主要包括技术创新、市场拓展、文化传承方式的调整等方面。

在技术创新方面，可以通过引入新的数字化手段，如 AI、3D 打印等，进一步提升非遗产品的创新性和市场适应性。AI 可以帮助分析消费者的需求趋势，为非遗产品的设计提供精准的指导。3D 打印技术则可以使非遗工艺品的生产过程更加高效，同时保证产品的一致性和高质量。这些技术手段的引入，将有助于非遗文化的创新转化，并拓宽其在现代社会中的应用范围。

在文化传承方式的调整方面，非遗智慧模式的优化应当注重与现代传播方式的融合。通过社交媒体、网络平台等现代传播手段，非遗文化能够更加广泛地传播和普及。同时，要更加重视年青一代对非遗文化的认知与参与，通过教育、培训等方式增强他们对传统文化的兴趣和认同。优化文化传承方式，能够使非遗智慧模式在现代社会中保持长久的活力。

非遗智慧模式的评估与优化是确保传统文化在现代社会中持续发展的重要环节。通过建立科学的评估体系和应用先进的评估方法，可以全面了解非遗智慧模式的实施效果，为其优化提供理论依据与实践支持。在优化过程中，应关注技术创新、市场拓展与文化传承方式的调整，确保非遗文化在现代社会中得以健康、持续地传承与发展。通过不断的评估与优化，非遗智慧模式将能够在全球化的背景下发挥更大作用，推动传统文化在现代生活中的深度融合与创新。

第三节　非遗智慧模式的社会效益与可持续发展

一、非遗智慧模式对文化传承的贡献

在时代的变迁中，传统非遗的保护和传承面临着巨大的挑战。随着全球化进程的推进，许多地方传统文化和技艺逐渐失传，非遗文化的发展和传承方式亟须寻找新的路径。非遗智慧模式通过将传统非遗文化与现代技术、设计理念相结合，提出了文化传承的新思路。这一模式不仅为传统非遗文化的保护提供了技术和市场支持，更重要的是促进了其在现代社会中的再生与创新，使传统文化在现代生活中焕发出新的生机。非遗智慧模式通过对传统文化元素的创新转化和广泛应用，不仅有效解决了非遗文化的传承困境，还为其在当代社会中的普及与认同提供了可能。

（一）非遗智慧模式对非遗文化活化的推动

非遗智慧模式对非遗文化传承的最大贡献之一，就是对传统非遗文化的“活化”。活化不仅是对传统文化的简单保留，更是通过现代技术和创新手段，使其在现代社会中得到新生。利用数字化、智能化手段，使传统技艺和艺术得以更高效、便捷地保存和传播。非遗项目如传统手工艺、民间艺术、古老的歌谣和节庆等，通过数字技术进行记录和再现，打破了地域和时间的限制，使这些文化元素能够跨越时代的樊篱，传递给更广泛的受众。

通过三维扫描、高清摄影等技术手段，传统的艺术作品和手工艺可以被精准地数字化保存，并转化为虚拟形式予以展示，使无法直接接触这些艺术形式的观众可以在虚拟平台上进行体验。这种“活化”不仅确保了非遗文化得以长期保存，还使其内容更加丰富、多元，能够满足现代社会中人们对传统文化和艺术形式的多样化需求。非遗智慧模式的成功应用，极大推动了非遗文化从静态的“保存”到动态的“传承与创新”的转变，使其能够融入现代人的生活和精神世界。

（二）非遗智慧模式对文化教育的促进作用

非遗智慧模式不仅在文化保存和传播方面起到了积极作用，还促进了非遗文化在教育领域的广泛应用。在当今社会，非遗文化的传承不再仅仅依赖传统的口耳相传和师徒传授，而是通过教育平台、现代技术和数字化工具得到了更广泛的传播。教育部门和文化机构通过开设非遗课程、组织非遗文化体验活动、开发非遗数字学习平台等方式，使非遗文化的传播变得更加系统化、现代化。

许多学校和教育机构已将非遗文化纳入教学内容中，通过课堂教学和实践活动，使学生从小接触、了解并参与非遗文化的传承。现代科技手段的引入，如 VR、AR 等技术，也为非遗教育提供了更多创新方式，使学生能够身临其境地体验传统工艺的制作过程，感受非遗文化的独特魅力。非遗在线学习平台也使非遗教育从传统的线下课堂延伸到网络空间，扩大了其受众群体，并使非遗文化能够更加灵活、便捷地传播到全球。

非遗智慧模式通过技术和教育的结合，进一步提高了非遗文化在现代社会中的影响力和认同度。它不仅使年青一代对非遗文化产生了浓厚兴趣，也为非遗文化的持续发展提供了坚实的文化基础和人才支持。通过教育的力量，非遗文化得以在全社会范围内传播，并成为现代文化认同和民族自豪感的重要组成部分。

二、非遗智慧模式的社会效益评估

非遗作为人类文明的重要组成部分，承载着丰富的历史、文化和艺术价值。在现代社会中，随着全球化进程的加速，传统文化的传承面临着日益严峻的挑战。非遗智慧模式作为一种将传统非遗智慧与现代科技相结合的创新模式，为非遗文化的传承和创新提供了新的路径，它不仅关注非遗的文化价值和经济价值，还注重其对社会效益的贡献。通过对非遗智慧模式的社会效益评估，可以更好地了解这一模式在促进社会可持续发展、提高文化认同感、改善社会福利等方面的实际效果。评估社会效益不仅有助于理解非遗智慧模式的现实意义，还为未来的政策制定和文化传播提供了理论依据和实践参考。

（一）非遗智慧模式对文化认同与社会凝聚力的促进作用

非遗智慧模式对文化认同和社会凝聚力的贡献是其重要的社会效益之一。文化认同感是社会稳定和民族团结的基石，而非遗文化作为民族身份和集体记忆的重要载体，能够有效增强个体和集体的文化归属感。通过非遗智慧模式，传统文化在现代社会中得到了更广泛的传播和认同，不仅增强了民众对传统文化的尊重和热爱，也促进了文化的再生与创新。

非遗智慧模式通过将传统文化与现代生活结合，为不同年龄段、不同背景的人群提供了体验非遗文化的途径。无论是通过数字化展示、文化旅游，还是通过非遗产品的创意化开发，这些形式都为公众提供了直观的文化体验，增强了他们对本民族文化的认同感。通过参与传统手工艺制作、学习传统歌舞和习俗，现代人尤其是年青一代能够直接感受到非遗文化的魅力，并将其融入日常生活中。这种文化认同感的增强，不仅有助于弘扬民族文化，还促进了社会的多元化和包容性。

非遗智慧模式在增强文化认同的同时，也有助于提升社会的凝聚力。在非遗项目的传承和创新过程中，社区和社会群体通过合作与交流，形成了紧密的社会联系。人们通过共同参与文化活动、分享文化创意，增进了彼此之间的理解和信任，促进了社会的和谐与稳定。非遗文化的传承和创新不仅是个体对传统的认同，也是对社会集体的凝聚和发展。通过非遗智慧模式，社会成员的文化认同感得以增强，社会的凝聚力也因此得到了提升。

（二）非遗智慧模式对社会文化多样性和可持续发展的影响

非遗智慧模式的另一大社会效益是促进了社会文化多样性和可持续发展。随着全球化进程的加速，世界各地的文化正在快速碰撞与融合，如何保持和传承本土文化的独特性，同时实现全球文化的共同繁荣，成为各国面临的重要课题。而非遗智慧模式为解决这一问题提供了新的思路。通过在全球化背景下推动非遗文化的保护、创新和传播，非遗智慧模式不仅促进了本土文化的多样性发展，还为全球文化的多样性提供了保障。

非遗智慧模式通过创新的方式，使非遗文化不仅能保留传统的精神内核，同时也能够适应现代社会的发展需求。它鼓励传统与现代、地方与全球之间的文化交流与融合，从而促进了文化的多样性。随着现代技术手段的引入，非遗文化能够通过数字平台向全球传播，成为全球文化共同体中的重要组成部分。通过线上平台和社交媒体，非遗文化的展示不再局限于本土市场，还能够吸引全球用户参与与传播。这种文化的跨境传播和跨文化交流有助于提升文化的全球认同感和包容性。

非遗智慧模式的推动还能够为可持续发展提供支持，传统的非遗文化所蕴含的智慧和生活方式，往往强调人与自然的和谐共生和资源的可持续利用。通过非遗智慧模式的实施，传统文化的可持续发展理念得以重新审视和利用，推动了社会和经济的绿色发展。一些传统的生态农业技艺、环保手工艺品的制作等，通过非遗智慧模式得到创新和推广，为可持续发展提供了文化支持和实际应用。

非遗智慧模式在社会效益方面的评估表明，这一模式不仅促进了文化传承，还在文化认同、社会凝聚力和社会福利等方面产生了显著影响。非遗智慧模式的实施增强了社会成员的文化认同感，提升了社会的凝聚力和和谐度；非遗智慧模式促进了社会文化多样性和可持续发展的实现，为全球文化共同体的繁荣作出了积极贡献。通过对这一模式的社会效益评估，可以更清晰地看到其在推动社会全面发展中的作用，也为未来非遗智慧模式的进一步推广和优化提供了实践依据。

三、非遗智慧模式的可持续发展路径

随着全球化和现代化的不断推进，传统非遗面临着前所未有的挑战，许多非遗项目正处于失传的边缘。如何在现代社会中保持非遗文化的活力，如何使其在传承的基础上实现创新与发展，已成为文化领域亟待解决的重要问题。非遗智慧模式作为一种创新的文化传承方式，通过将传统文化智慧与现代科技相结合，为非遗文化的可持续发展提供了新的路径。这种模式不仅注重非遗的保护与传承，更强调其在现代社会中的创新应用，特别是在促进文化认同和社会效益等方面的长期价值。探索非遗智慧模式的可持续发展路径，既是保护传统文化的需要，也是推动文化产业繁荣和社会发展的根本要求。

（一）构建多元化的非遗传承体系

非遗文化的可持续发展，首先依赖完善的传承体系。传统的非遗传承方式往往依靠口耳相传和师徒相授，但随着社会环境的变化和传承人逐渐减少，这种方式的局限性日益显现。为了确保非遗文化在现代社会中的生生不息，构建一个多元化的传承体系至关重要。

非遗智慧模式通过创新的传承机制，为非遗文化注入了新的生命力。通过数字化技术和现代教育手段，非遗文化的传承不再局限于传统的线性传承方式，而是通过线上平台、虚拟博物馆、网络教育等多元渠道进行传播。数字化技术使传统技艺和文化能够通过高清影像、虚拟展示等形式永久保存，并通过互联网传播到全球。这不仅能有效保存非遗文化的原貌，还能让不同地域的人们更加方便地接触和学习非遗技艺，扩大非遗的受众群体。

非遗智慧模式也注重与现代教育体系的融合，将非遗教育纳入学校课程和社会教育体系，通过课堂学习、实践活动等形式，培养更多的非遗传承人和文化爱好者。教育体系的建设为非遗的未来传承提供了坚实的基础，增强了年青一代对非遗文化的认同感和参与度。

（二）加强非遗文化的社会化传播

非遗文化的可持续发展离不开广泛的社会参与和传播，传统的非遗文化往往局限于少数人的传承和分享，如何扩大其影响力、增强其社会参与度，是实现非遗文化可持续发展的关键。非遗智慧模式通过社交平台、数字媒体等手段，为非遗文化的传播创造了更多机会。

社交媒体和数字平台的广泛应用，使非遗文化能够迅速进入大众视野并广泛传播。通过视频平台、短视频和直播等方式，传统技艺和文化得到了生动呈现，吸引了大量年轻人和普通民众的关注。通过社交媒体，用户可以与非遗文化进行互动、评论和分享，从而形成良性循环，提升非遗文化的社会认知度和影响力。

非遗文化的传播还应与现代生活方式相结合，通过与时尚设计、现代艺术等领域的合作，非遗元素能够在现代消费品中得到体现。传统手工艺品被赋予现代化的设计，使其既保留了传统的文化内涵，又符合现代消费者的审美需求。这种创新性的传播方式不仅使非遗文化得以在市场中立足，还让更多人以更加开放的心态接受传统文化，进而促进文化认同和社会认同感的增强。

（三）强化非遗文化的政策支持与保护机制

非遗文化的可持续发展还需要政府和社会各界的支持。在非遗智慧模式的实施过程中，政策支持和保护机制的健全是确保非遗文化得以长久传承和发展的基础。政府应加强对非遗文化的法律保护，提供资金、技术等支持，鼓励社会各界参与非遗的保护和传承。

保护机制的建设也是非遗智慧模式可持续发展的重要保障，非遗文化的保护不仅是对物质文化的保护，更是对其背后蕴含的知识体系、生活方式和价值观的传承。加强非遗文化的保护，需要建立科学的保护体系，包括文化资源的普查、非遗项目的备案、传承人的培养等。同时，鼓励社会各界共同参与，形成保护合力，确保非遗文化的持续性和生命力。

非遗智慧模式的可持续发展路径通过多元化的传承体系、社会化传播以及政策支持的有机结合，推动非遗文化在现代社会中的永久传承与发展。这不仅有效解决了非遗文化传承中的困境，为非遗文化注入了新的活力。随着非遗智慧模式的逐步推广，非遗文化将不仅是历史的遗产，还会成为现代生活的一部分，发挥着不可替代的社会和文化价值作用。通过完善传承机制、创新产业发展、加强社会参与和政策保护，非遗文化的可持续发展将得到更加稳固的基础，并为全球文化多样性和社会进步贡献力量。

四、非遗智慧模式的社会效益与可持续发展案例

非遗智慧模式为传统非遗文化的传承与创新提供了新的路径，不仅保留了传统文化的

精髓，还将其转化为社会和经济的多重效益。以下案例展示了非遗智慧模式在提升社会文化认同、促进经济发展、提供就业机会等方面的实际效果。

（一）中国的非遗数字化传承：泥塑文化的数字化与互动传播

中国的泥塑艺术，尤其是景德镇的陶瓷和山西运城的泥塑等，长期以来都是中国传统手工艺的一部分。随着现代化进程的推进，泥塑等传统技艺面临着传承断层。为走出传承困境，景德镇陶瓷博物馆与科技公司合作，采取非遗智慧模式，利用数字化手段进行泥塑艺术的保存与传播。通过高精度扫描和三维建模技术，将泥塑艺术品数字化，并将其呈现在虚拟平台上，使更多人能够通过互联网了解、学习和参与泥塑艺术的制作过程。

数字化传承不仅增强了泥塑艺术的可见性，还使其能够跨越地域和时间的限制进行传播。通过线上平台，用户不仅可以观看泥塑制作的过程，还可以通过互动式的在线教育平台进行学习。这种创新方式有效拓宽了泥塑艺术的受众群体，尤其吸引了大量年轻人群体参与其中，增强了他们对传统文化的认同感和兴趣。数字化非遗的传播方式使传统文化更贴近现代社会，更能与当代社会的需求和审美产生共鸣。通过非遗智慧模式的实施，景德镇泥塑艺术不仅得到了有效保护，还实现了传统艺术的创新和传播，并带来了积极的文化效益和经济效益。

（二）印度传统织物文化的创新

印度的传统手工织物，尤其是印花布和地毯等，一直以来是世界知名的非遗项目。随着工业化生产的兴起，这些传统技艺的传承逐渐减少，许多手工艺村落面临着失业和贫困问题。为了促进传统织物文化的持续发展，印度的一些非政府组织和社会企业采用了非遗智慧模式，将传统手工艺与现代商业模式和市场需求相结合，推动了当地经济的发展。

印度的“Textile Revival”项目将传统织物技术与现代设计理念结合，推出了一系列适合现代生活的家居用品、服装和配饰。该项目通过与当地艺术家和手工艺人合作，将传统织物制作技艺与现代时尚元素融合，创作出了具有全球市场竞争力的产品。这些产品不仅能够满足全球消费者对个性化和手工艺品的需求，还通过线上销售平台将印度的传统织物艺术推向了国际市场。

通过这种方式，传统织物文化不仅得到了有效传承，还促进了当地经济的发展。当地的手工艺人通过参与这一项目获得了稳定的收入来源，许多村落因此脱贫致富。这一案例展示了非遗智慧模式成功地将文化传承与经济发展相结合，通过产业化促进了传统手工艺的复兴和社会的经济发展。

（三）越南的水上木偶戏：文化与旅游业的融合

越南的水上木偶戏被列为联合国教科文组织的非遗，并且已经成为越南文化的代表之一。随着时间的推移，水上木偶戏面临着年青一代对传统文化缺乏兴趣的问题。为了让这一非遗文化得以持续发展，越南政府和文化部门在非遗智慧模式的框架下，通过数字化手段、文化旅游等方式对水上木偶戏进行了创新转型。

越南积极创建水上木偶戏的数字化平台和虚拟展览，吸引了全球游客和观众的关注。再通过与旅游业的深度融合，水上木偶戏成为越南文化旅游的亮点之一。游客可以通过参与木偶戏的现场演出，或通过虚拟平台观看这些精彩的表演，从而更好地理解和体验这一传统艺术形式。

越南的水上木偶戏也成为推动地方经济的引擎，通过水上木偶戏的演出和相关商品的销售，吸引了大量游客前来越南旅游，带动了旅游业和地方经济的发展。这一模式不仅保护了传统文化，也为越南创造了可持续的经济效益，使水上木偶戏在全球化的背景下实现了文化和经济的双重丰收。

（四）中国的“非遗+旅游”模式：鼓励文化创意和社区参与

中国的“非遗+旅游”模式是非遗智慧模式在文化产业中的成功应用，通过将传统非遗项目与现代旅游业相结合，不仅推动了非遗文化的传播，也带动了地方经济的发展。以云南的普洱茶文化为例，普洱茶作为中国传统非遗，在全球范围内具有广泛的影响力。为了更好地传播和传承普洱茶文化，普洱市政府采取了“非遗+旅游”的模式，开发出茶文化体验旅游线路和茶园生态旅游，吸引了大量国内外游客前来参观和体验。

在这一过程中，普洱茶的生产、制作和品鉴过程成为旅游活动的重要内容，游客不仅可以在茶园中品茶，还能亲身参与茶叶的采摘和制作过程，更能现场深入了解普洱茶的历史和文化。普洱市还通过文化创意产品的开发，将茶文化与现代设计结合，推出了一系列具有文化特色的茶叶礼品和文创产品，吸引了大量消费者。

通过这一模式，普洱市不仅保护和传承了普洱茶的非遗文化，还通过茶文化旅游推动了地方经济的发展。当地的农民和手工艺人通过参与茶文化产业获得了稳定的收入，同时也促进了当地的生态农业发展。这种“非遗+旅游”模式为中国其他地区的非遗保护与文化产业发展提供了成功的案例，展示了非遗文化和现代产业结合的巨大潜力。

结　语

随着全球化进程不断加快，传统文化的保护与传承逐渐成为全球范围内的重要课题。在我国，针对非遗的保护政策逐渐向着更加注重其与现代社会融合的方向发展。在政策引领之下，非遗文化不再仅是历史遗物，而是逐步嵌入现代社会，成为推动社会文化创新和发展的源泉。本书正是基于这一背景，着眼于传统非遗智慧如何在现代生活中通过创新方式得以传承与应用，探讨非遗文化“嵌入”现代生活的理论与实践。

全书的核心在于提出并深入探讨了“非遗智慧嵌入现代生活的理论与实践”这一命题。从非遗文化的起源、发展及其政策脉络出发，分析了非遗文化的独特价值与其嵌入现代生活的理论基础，详细探讨了非遗文化在不同生活领域的具体应用，并对信息科技、数智技术等现代手段如何助力非遗智慧的创新与传承，提出了以“智慧模式”为核心的非遗嵌入现代生活的可行路径，为传统文化在当代社会中的创新性转化提供了理论支持和实践参考。

本书在探讨非遗文化嵌入现代生活的过程中，难免存在一定的局限性。尽管涵盖了不同领域和多种技术手段对非遗的支持作用，但由于研究范围有限，一些创新案例和地域性的差异性未能得到充分展示。非遗的嵌入不仅依赖技术的创新，更需要文化的认同和社会各界的广泛支持，而这些因素的复杂性和长期性决定了非遗文化的融合过程充满了不确定性。未来的研究可以进一步扩展至全球视角下的非遗文化融合模式，以及更多实践中的反馈机制。我们相信通过跨学科的合作与深入探索，非遗智慧的传承与创新将更加扎实地服务于文化建设和高质量发展。

参考文献

[1] 付冬丽. 非物质文化遗产赋能中华民族共有精神家园建设的表征与路径研究 [J]. 黑龙江民族丛刊, 2024 (6): 133-145.

[2] 刘琼宇, 胡宗锋. 中华民族共同体意识在非物质文化遗产影像中的反映——以贵州民族题材电影为例 [J]. 贵州民族研究, 2024, 45 (6): 83-88.

[3] 武雪周. 试析中国共产党党建文化的基本内涵与构成要素 [J]. 福建党史月刊, 2013 (16): 37-39.

[4] 中国大百科全书·社会学 [M]. 北京: 中国大百科全书出版社, 1991: 409.

[5] 孙秋云. 文化人类学教程 [M]. 北京: 民族教育出版社, 2004: 24~28.

[6] 章牧, 郭阵. 非物质文化遗产的数字化传播——以广东潮州为例 [J]. 社会科学家, 2024 (6): 93-100.

[7] 杨利慧, 丁红美. 中国非遗研究 20 年: 成就、焦点、贡献与问题——以"非物质文化遗产学术精粹"丛书为主要案例 [J]. 民俗研究, 2024 (6): 20-33, 153-154.

[8] 安德明. 创建"文化交会区": 中国式现代化进程中的非物质文化遗产保护 [J]. 西北民族研究, 2024 (5): 97-111.

[9] 程顺. 基于黄冈非物质文化遗产黄梅戏的文创产品设计研究 [J]. 文物鉴定与鉴赏, 2024 (24): 165-168.

[10] 张洁, 郭平. 中国非物质文化遗产学科建设 20 年探索 [J]. 文化遗产, 2024 (6): 15-22.

[11] 蒋钦宇, 李贵清, 张朝枝.《保护世界文化和自然遗产公约》50 周年: 变化、对话与可持续发展——首届世界文化与自然遗产学术论坛综述 [J]. 自然与文化遗产研究, 2023, 8 (1): 94-98.

[12] 贺少雅, 萧放.《保护非物质文化遗产公约》理念与中国非遗保护实践 [J]. 中国非物质文化遗产, 2025 (1): 7-13.

[13] 荣幸, 王旭.《中华人民共和国文物保护法》完善历程溯往 [J]. 城市住宅, 2021, 28 (12): 8-11.

[14] 李如友, 石张宇. 长江经济带传统村落与非物质文化遗产分布空间错位及其机理

[J]. 地理与地理信息科学, 2022, 38 (5): 129-137.

[15] Polanyi K. The Great Transformation: The Political and Economic Origins of Our Time [M]. Bost on, MA: Beacon Press, 1944.

[16] 许冠南. 关系嵌入性对技术创新绩效的影响研究 [D] . 杭州: 浙江大学, 2008.

[17] 丘海雄, 于永慧. 嵌入性与根植性——产业集群研究中两个概念的辨析 [J] . 广东社会科学, 2007 (1): 175-181.

[18] Zukin S , Dimaggio P . Structures of Capital: The Social Organization of Economy [M] . Cambridge, MA: Cambridge University Press, 1990.

[19] 颜晓峰. 在进一步全面深化改革中发展中国式现代化的文明形态 [J]. 天津大学学报 (社会科学版), 2025, 27 (1): 1-10.

[20] 吴晓华, 王威. 农史视角下我国现代农业生态化发展路径研究 [J]. 宝鸡文理学院学报 (社会科学版), 2023, 43 (3): 76-82.

[21] 蒋雯怡. 非遗文化融入小学教育的问题及对策研究 [J]. 大学, 2022 (17): 123-126.

[22] 宁琳, 唐琳. 5G 时代广西少数民族非遗数字化转型研究 [J]. 文化创新比较研究, 2024, 8 (34): 78-82.

[23] 宁传凤. 生态翻译视域下少数民族非遗文化技艺外宣材料的英译研究——以广西壮族自治区为例 [J]. 中国民族博览, 2024 (19): 214-216.

[24] 覃若娴. 民间非遗文化的数字动漫化传承与传播研究——以广西"壮族三月三"为例 [J]. 玩具世界, 2024 (7): 120-122.

[25] 宋冬慧, 张艺端. 非遗文化在高校美育中的价值及实践路径——以桂林电子科技大学为例 [J]. 美术教育研究, 2024 (8): 71-73.

[26] 孙月坤. 以"非遗文化进社区"活动提升公民素质的研究 [J]. 现代职业教育, 2020 (11): 108-109.

[27] 敖夏, 吴峭. 接力"非遗"传承, 唱响文化自信——宁海县第一职业中学以"非遗"文化为"媒", 育核心素养之"魂" [J]. 职业, 2018 (13): 4-7.

[28] 格桑翁姆. 社区驱动的非遗传承与可持续发展——以甘孜州德格县麦宿镇为个案 [J]. 中国藏学, 2024 (6): 48-54, 214-215.

[29] 黄宇婷. 信息技术助力非遗文化进校园——以景德镇陶瓷为例 [J]. 陶瓷科学与艺术, 2024, 58 (10): 52-53.

[30] 孙雨佳, 鲍杰, 李天宇, 等. 基于"互联网+"的非遗营销模式创新发展策略研究

[J]. 办公自动化, 2023, 28 (9): 10-13.

[31] 刘春辉. 特色文化产业发展的新路径: 非遗数字化保护在公共空间中的应用 [J]. 产业创新研究, 2025 (2): 70-72.

[32] 周立军. 非遗文化传承与创新的数字化构建 [J]. 现代商贸工业, 2025 (4): 16-18.

[33] 秦煦. 非物质文化遗产在视听新媒体平台的创新传播研究 [J]. 视听界, 2025 (1): 15-19, 38.

[34] 庄文涛. 新媒体在非遗文化保护与传播中的应用 [J]. 中国报业, 2024 (24): 236-237.

[35] 谈国新, 何琪敏. 中国非物质文化遗产数字化传播的研究现状、现实困境及发展路径 [J]. 理论月刊, 2021 (9): 87-94.